AphorismA

Musik für die Augen
Schrift als Wahrnehmungsraum

Jüdische, christliche und muslimische Perspektiven
Mit Kalligraphien von Shahid Alam zu Tora, Bibel und Koran

Herausgegeben von Andreas Goetze

2018

Kooperationspartner

Mit freundlicher Unterstützung von

Gefördert durch die Senatsverwaltung für Kultur und Europa

Kontakt: info@aphorisma.eu

Gestaltung: AphorismA Andreas Schröder

© AphorismA

Verlag Antiquariat Agentur

Mit angeschlossener Versandbuchhandlung

Gemeinnützige GmbH

Andreas Goetze (Hg.)

Musik für die Augen

Schrift als Wahrnehmungsraum

Jüdische, christliche und muslimische Perspektiven

Mit Kalligraphien von Shahid Alam zu Tora, Bibel und Koran

AphorismA Verlag – Berlin 2018

ISBN 978-3-86575-072-3

Vorwort

Andreas Goetze

In Zeiten, in denen wieder „Schwarz-Weiß-Denken" Konjunktur hat und andere, die anders glauben und denken, schnell abgewertet werden, braucht es solche gestalteten Begegnungsräume. „Einander sehen" war daher nicht nur der Titel einer interreligiösen Kalligraphie-Ausstellung, die 2017 in der Sankt Thomas-Kirche in Berlin-Kreuzberg gezeigt wurde, sondern ist selbst Programm (http://www.einandersehen.de).

Kalligraphie (von griechisch Καλλιγραφία (kalligraphia), κάλλος (kállos, Schönheit) bzw. καλός (kalós, schön, gut) und γράφειν (gráphein, schreiben) ist die Kunst des Schönschreibens von Hand, mit Federkiel, Pinsel, Tinte oder anderen Schreibutensilien. Kalligraphie, die die Kunst der schönen Schrift, ist tief verwurzelt im arabischen Kulturraum, gepflegt im Christentum, bedeutsam für Judentum und Islam. Sie wurde schon beschrieben als „Musik für die Augen". Mit Texten aus der Tora, dem Neuen Testament und dem Koran entstehen Kunstbrücken, die intensive interkulturelle und interreligiöse Begegnungen ermöglichen.

Schon die Vorbereitung zu der Ausstellung wurde von einem interreligiösen Team verantwortet. Die offene, einander zugewandte Weise des Miteinanders hat beispielhaften Charakter für einen Dialog, der auf Augenhöhe respektvoll und wertschätzend erfolgt. Auf dem gemeinsamen Weg konnten sich Freundschaft und Vertrauen entwickeln: Die Erfahrung eines „gelebten Dialogs", der die*den Andere*n nicht bloß toleriert im Sinne einer milden Duldung oder eines gleichgültigen Gelten-Lassens, sondern der sich des äußerst anspruchsvollen und grundlegenden „Verwiesen-Seins auf den Anderen" (Hans Jochen Margull[1]) bewusst ist.

Der jüdisch-christliche Dialog hat dafür sensibilisiert, dass ein „Gespräch auf Augenhöhe" die Gleichrangigkeit und Gleichwertigkeit verschiedener Religionen voraussetzt. Um allerdings dem anderen auf „Augenhöhe" begegnen zu können, muss ich selbst in meiner eigenen Tradition beheimatet sein. Und ich muss bereit sein, die eigene Ergänzungsbedürftigkeit anzuerkennen. Ein Mangel an (prophetischer) Selbstkritik führt zu einer Erstarrung des Glaubens, zu Formalismus und Aberglauben[2]. Die spirituelle Dimension des Dialogs atmet Glaubenszuversicht und

---

[1] H.-J. Margull, Verwundbarkeit. Bemerkungen zum Dialog (1974) in: ders., Zeugnis und Dialog. Ausgewählte Schriften mit Einführungen von T. Ahrens, L. Engel, E. Kamphausen, I. Lembke, W. Ustorf, W. Weiße und J. Wieske, Ammersbek bei Hamburg 1992, S. 330-342.

[2] P. Tillich, Das Christentum und die Begegnung der Weltreligionen, in: ders., Die Frage nach dem Unbedingten. Schriften zur Religionsphilosophie. Gesammelte Werke Bd. V, Stuttgart 1978², S. 51-98, 60. In diesem Sinn ist jede Form von Orthodoxie gefährdet, den Glauben unbotmäßig zu formalisieren.

den Geist der Versöhnung. Es geht nicht an, sich feindlich oder überlegen zu geben, den anderen zu karikieren oder als einheitlichen Block wahrzunehmen. Gleichzeitig ist es in Verantwortung gegenüber dem eigenen Glauben nicht gemäß, die Unterschiede in falsch verstandener Toleranz einzuebnen.

Der interreligiöse Dialog ist nicht einfach eine freundschaftliche Unterhaltung, auch keine Verhandlung, sondern „eine Pilgerreise und Infragestellung" (Kardinal Jean-Louis Tauran[3]), ein wechselseitiges Lernen. Meine Erfahrung bei interreligiösen Begegnungen war bisher eine Vertiefung des eigenen Glaubens. Wer Zäune niederreißt, verliert sich nicht, sondern weitet den Blick. Unsere Gottesrede muss nicht nur innerökumenisch entfaltet werden, sondern auch dialogisch durch interreligiöse Begegnungen geprägt sein.

---

3 Kardinal Tauran, „Der interreligiöse Dialog ist wie eine Pilgerreise", Interview mit dem Präsidenten des Päpstlichen Rates für den Interreligiösen Dialog, 14.02.2008, unter: https://pt.zenit.org/articles/kardinal-tauran-der-interreligiose-dialog-ist-wie-eine-pilgerreise

Nur wenn ich verstehe, was der*die Andere glaubt und nur wenn ich zugleich auch selbst erzählen kann, was mir in meinem Glauben wichtig ist, kann Dialog gelingen. Und so eröffnete die interreligiöse Kalligraphie-Ausstellung zusammen mit dem abwechslungsreichen Begleitprogramm vielfältige Begegnungsräume. Menschen ganz unterschiedlichen Glaubens und weltanschaulicher Orientierung erlebten, wie sie im Dialog mit den anderen bereichert wurden und ihre eigene Religion besser begreifen lernten. Auch Konfessionslose spüren die spirituellen Schätze und beteiligen sich interessiert am Gespräch.

Für diesen Band haben sich jüdische, christliche und muslimische Partner*innen zusammengetan, um die hochwertigen Kalligraphien des Künstlers Shahid Alam einem breiten Publikum zugänglich zu machen. Zudem zeigen sie mit diesem Buch interreligiöse und interkulturelle Perspektiven auf, wie die jeweiligen Heiligen Schriften – Tora, Bibel, Koran – historisch, spirituell und lebensnah verstanden werden können. Entstanden ist ein Buch, das Begegnungsräume ermöglicht, bei dem Kunst und Geist ins Gespräch kommen. Im Namen aller Beteiligten an diesem Projekt wünsche ich allen inspirierende Entdeckungen.

Das Wort Gottes in seiner dreifachen Schönheit

Dr. Markus Dröge, Bischof der Evangelischen Kirche Berlin-Brandenburg-schlesische Oberlausitz (EKBO)

Als Pfarrer habe ich sehr gerne Konfirmandenunterricht gegeben. Mit jungen Menschen das Wort Gottes zu entdecken, ist eine wunderbare Aufgabe. Besonders motiviert waren die Jugendlichen, wenn wir miteinander kreativ gearbeitet haben: Jede und jeder hat seine eigene Bibel künstlerisch gestaltet, einen Umschlag für das persönliche Bibelexemplar entworfen. Kunst ermöglicht neue Zugänge zur Wirklichkeit – auch zur Wirklichkeit Gottes!

Im letzten Jahr hat die interreligiöse Kalligraphie-Ausstellung „Einander sehen" in der St. Thomas-Kirche in Berlin-Kreuzberg viele Menschen begeistert. Sie ermöglichte einen neuen Zugang zu den Schriften, die Judentum, Christentum und Islam als ihre jeweils Heilige Schrift ansehen.

Für mich als evangelischen Christen ist die Bibel Gottes lebendiges Wort. Der große evangelische Theologe Karl Barth hat diese Lebendigkeit in dreifacher Weise beschrieben: Die erste Gestalt des Wortes Gottes ist das geoffenbarte Wort. Gott lässt uns an seiner unendlichen Gnade teilhaben durch die Propheten und Apostel, durch die Geschichte Israels bis zu Jesus Christus. Die zweite Gestalt ist das geschriebene Wort, denn von dieser den Menschen zugewandten Offenbarung Gottes zeugt die Bibel in den beiden Testamenten. Das Wort Gottes ist eine Schrift, aufgeschrieben von inspirierten Propheten und Aposteln bzw. von ihren Schülern und Nachfolgern. Die dritte Gestalt ist das verkündigte Wort, das immer wieder neu auf unterschiedliche Weise zur Sprache kommt.

Das Wort Gottes muss sich also immer wieder neu ereignen. Gott will zu Wort kommen in der Sprache – und diese Sprache kann ganz vielfältig sein. Sie kann sich ausdrücken in einer wunderbaren Bach-Kantate, in einer liebevoll gefeierten Liturgie im Gottesdienst, durch eine ansprechende Predigt, durch die Rezitation bzw. das laute Vortragen des Heiligen Textes oder eben auch durch die Kunst. Insofern geben die Kalligraphien des Künstlers Shahid Alam Zeugnis von dieser einladenden Botschaft Gottes, den alle drei monotheistischen Religionen auf je ihre Weise als den barmherzigen und gerechten Gott bekennen.

Dieses spirituelle Erleben des Wortes Gottes verbindet Judentum, Christentum und Islam: Wenn wir dieses geschriebene Wort offen und hörbereit lesen und meditieren, wenn wir uns durch die vielfältigen Formen in Kunst und Musik anregen lassen, erleben wir selbst auch, wie Gott sich uns offenbart, uns nahe kommt. Durch sein vielgestaltiges Wort kommt er auf mich zu, berührt mich, lässt mich erleben, dass er mir nahe kommt.

Kalligraphie ist eine wunderbare Kunst. Wenn sie das Wort Gottes künstlerisch zum Ausdruck bringt, führt sie mich liebevoll hinein in dieses lebendige Gotteswort. Viele Menschen, die diese Ausstellung besuchten, haben davon berührt berichtet. Es ist wunderbar, wenn es jetzt durch diesen Band möglich wird, einige dieser Kalligraphien noch einmal zu betrachten und dazu noch über die Bedeutung von heiligen Texten, also über das Schriftverständnis in der heutigen Zeit, nachzudenken.

Geleitwort zur Dokumentation der interreligiösen Kalligraphie-Ausstellung „einander sehen"

Dr. Klaus Lederer, Senator für Kultur und Europa

Sehr geehrte Damen und Herren, liebe Leserinnen und Leser,

unter dem Titel „einander sehen" fand im Sommer 2017 eine interreligiöse Ausstellung mit Kalligraphien des Künstlers Shahid Alam in der Evangelischen St. Thomas-Kirche statt.

Ausgehend von der Ästhetik und Schönheit der arabischen Schriftkultur kalligraphiert Shahid Alam Texte aus der Tora, der Bibel und dem Koran. Ihm geht es darum, über die Kunstform der Kalligraphie Religionen in Dialog zu bringen und Menschen aus unterschiedlichen Traditionen und mit verschiedenen Hintergründen anzuregen, einander wahrzunehmen – eben „einander zu sehen".

Wo könnte eine solche Ausstellung besser passen als in Berlin: Menschen unterschiedlicher Herkunft, Religion und Tradition leben hier. Damit sie nicht nur nebeneinander, sondern miteinander leben, braucht es Anlässe, sich zu begegnen und mit einander ins Gespräch zu kommen. Die Werke von Shahid Alam sind solche Anlässe. Sie sind „Musik für die Augen".

Die Tradition des Kalligraphierens heiliger Texte gibt es als spirituelle Übung in unterschiedlichen Religionen. Schon deshalb bietet sich die Kalligraphie für Gespräche über Religionsgrenzen hinweg an. Aber Shahid Alam geht noch einen Schritt weiter: Er setzt Texte unterschiedlicher religiöser Quellen künstlerisch um. Was als arabische Kalligraphie auf den ersten Blick in einer Kirche fremd erscheint, entpuppt sich bei näherem Hinsehen als Bibelvers oder jüdisches Morgengebet. Die Beschäftigung mit den Werken Alams eröffnet so die Möglichkeit, das Fremde im Eigenen und das Eigene im Fremden zu entdecken – die beste Ausgangsbasis für einen gelingenden interreligiösen und interkulturellen Dialog.

Es ist nur konsequent, dass Partner*innen aus Judentum, Christentum und Islam die Ausstellung und das umfassende Begleitprogramm gemeinsam realisiert haben. Und auch der nun vorliegende Dokumentationsband versammelt Beiträge aus unterschiedlichen Perspektiven zur Bedeutung und künstlerischen Rezeption von heiligen Texten aus diesen drei Religionen. Ich freue mich sehr, dass ausgehend von der Ausstellung das Thema mit diesem Heft weiter vertieft und um wissenschaftlich-theologische Positionen ergänzt wird.

Ihnen, liebe Leserinnen und Leser, wünsche ich eine spannende Lektüre, die Ihnen hoffentlich viele Anregungen bietet und Ihre Neugier weckt, „einander zu sehen".

Gott ist Gott

Gott ist nicht katholisch.
Gott ist nicht evangelisch.
Gott ist nicht orthodox.
Gott ist nicht einmal christlich.
Gott ist nicht jüdisch.
Gott ist nicht muslimisch.
Gott ist nicht der Gott
dieser oder jener Religion.
Gott ist Gott.
Gott ist Gott und
der Vater aller Menschen.
Gott will die Rettung aller Menschen.
Gott sorgt sich um alle Menschen.
Gott liebt alle Menschen.
Gott ist Gott für alle.
Er ist unser guter Vater.
Wir alle sind seine Geschöpfe,
Kinder dieser Erde.

Bischof Mussinghoff
(beim Friedenstreffen der Gemeinschaft
Sant'Egidio auf Einladung des Bistums
Aachen im Jahr 2003 in Aachen)

Gott ist Gott
Übersetzt ins Arabische von Marwan Akkila (Hamburg)

Öl und Tusche auf Birkenholz;
200cm x 75cm; Stolberg 2016

Einander sehen – eine interreligiöse Kunstausstellung in Berlin

Meho Travljanin, Vorsitzender des Islamischen Kulturzentrums der Bosniaken in Berlin e.V.

„Gott ist schön und Er liebt die Schönheit", heißt es in einem Ausspruch des Propheten Mohammeds. Somit ist die Schönheit ein Wesenselement im Islam und verleitet den Gläubigen zur Inspiration und Anerkennung des Schönen, sowohl in ihm selbst als auch in seiner unmittelbaren Umgebung. Die Kunst ist es, die uns dies vor Augen führt und uns zum „Höheren," erhebt.

Die Kalligraphie-Ausstellung des berühmten Künstlers Shahid Alam hat uns auf beste Weise gezeigt, wie uns Kunst zusammenbringt. Das uns in Berlin einigende Anliegen ist der Austausch unter den Religionsgemeinschaften und ein besseres Verständnis für die Bedürfnisse des Anderen. In zahlreichen Foren, runden Tischen, Initiativen und gemeinsamen Aktionen haben wir in Berlin immer wieder aufs Neue bewiesen, wie wir uns gegenseitig achten und respektieren. Vor dem Hintergrund unserer jeweiligen Erfahrungen und organisatorischen Heranwachsens in unserer Stadt war bei der Entwicklung unserer eigenen Strukturen die Unterstützung seitens bestehender Institutionen von enormer Wichtigkeit.

Als das Islamische Kulturzentrum der Bosniaken in Berlin e.V. seine Arbeit aufnam, damals kurz nach dem Mauerfall 1989, folgte eine Tragödie im Heimatland, welche die in Berlin lebenden Bosnier stark betraf. In dieser Zeit kamen viele Geflüchtete nach Berlin, mit tieftraumatischen Kriegserlebnissen und fanden Schutz in einer für Sie fremden Umgebung. Die Kirchen, viele Vereine und Freiwillige haben damals wie auch 2015 ihre Solidarität gezeigt und den Menschen geholfen. Und wenn ich heute mit den ehemaligen Geflüchteten darüber spreche, ist diese besondere Erfahrung der Mitmenschlichkeit und der Hilfsbereitschaft allen in bester Erinnerung geblieben, die sie mit großer Dankbarkeit wertschätzen. Der Dialog und die Bereitschaft zur Öffnung für die Mehrheitsgesellschaft sind beides Prinzipien einer nachhaltigen Bewahrung eigener Besonderheit und der wunderbaren Erkenntnis, dass neue Freundschaften sowie Unterstützer gewonnen werden konnten.

Die Ausstellung, die uns in der St. Thomas-Kirche in Kreuzberg zusammenbrachte, erforderte unser Engagement für viele Monate und bescherte uns genauso viele freudige Stunden und Begegnungen. Als eine kleine Berliner Gemeinde war es für uns eine Ehre, die Gelegenheit zu bekommen, mit allen wunderbaren Kooperationspartnern gemeinsam das Projekt zu gestalten. Ein besonderer Segen dieser Ausstellung und des Begleitprogrammes war sowohl die Verbindung mit dem Evangelischen Kirchentag in Berlin als auch mit dem muslimischen Fastenmonat Ramadan.

Unter dem Motto „Du siehst mich" haben unsere Kirchentagsbesucher das Besondere nicht nur „sehen" können, den gestalteten, künstlerisch geschaffenen Raum für den interreligiösen Dialog, sondern viele andere: Wenn dann ein muslimischer Kooperationspartner in der Kirche dem Besucher das Vaterunser auf Arabisch zeigt, ist die Begegnung perfekt. Die Ramadanzeit, in der wir das Fastenbrechen vor dem Altar der Kirche begingen und zuvor junge Erwachsene aller drei abrahamitischen Religionen über ihre gegenwärtigen Herausforderungen sprachen, war eine sehr gesegnete Zeit.

Gerade durch unser gemeinsames Handeln wurde sichtbar, wie bereichernd der in der heutigen Zeit so wichtige interreligiöse Dialog ist, der sonst wohl regelmäßig auf professioneller fachlicher Ebene geführt wird, aber dabei selten die breite Masse der Menschen erreicht.

Von der Ausstellung konnten wir ebenfalls in der Gemeindearbeit sehr profitieren. Die Schüler*innen der bosnischen Ergänzungsschule besuchten die Ausstellung mit ihren Lehrer*innen und waren freudig über die „muslimischen" Elemente in der Kirche erstaunt. Der Künstler nahm sich viel Zeit für die neugierigen Blicke der Kinder und jeder bekam seinen Namen kaligraphisch auf Arabisch aufgeschrieben. Zudem konnten wir durch dieses Projekt durch unsere Mitglieder viel Zustimmung erfahren und dadurch unsere Arbeit bestätigen.

Bei der feierlichen Abschlusszeremonie vergaß ich meine Dankesrede zu Hause und ließ mich von der Umgebung inspirieren. Ich bin sehr dankbar dafür, dass wir uns durch dieses wunderbare gemeinsame Projekt besser kennengelernt haben. Wir haben erlebt, dass es sich lohnt. Wir sollten uns noch viel mehr zutrauen, um unser vielfältiges und lebenswertes Berlin mit solchem Engagement zu bereichern. Wir haben „einander gesehen", werden uns nicht vergessen und weiter vertrauensvoll zusammenarbeiten.

Allen Teilnehmern und Kooperationspartnern, danke ich vom Herzen für diese wunderbare Erfahrung im Sommer 2017.

„Se Eli we-anwehu. Das ist mein Gott, ihn will ich ehren"

Rabbiner Prof. Drs. Edward van Voolen, Ausbildungsdirektor am Abraham Geiger Kolleg

„Se Eli we-anwehu – Das ist mein Gott, ihn will ich ehren" (2. Buch Mose 15,2). Rabbiner interpretieren das nicht übliche hebräische Wort für „preisen, ehren" als: ehren mit schönen Kultgegenstände, wie z.B. Laubhütten, oder zeremoniellen Objekte wie Gebetsmäntel – oder sogar illuminierten Handschriften! Christen und Muslime haben diesbezüglich ähnliche Auffassungen: So entstand eine wunderschöne religiöse Kunst, die wir noch immer in unseren Synagogen, Kirchen und Moscheen bewundern. Kunst bereichert uns.

Muslime, Christen und Juden können vieles gemeinsam. Ihre Suche nach Spiritualität in ihrem Leben, in der Kunst oder in der Suche nach Gott – wie auch immer er/sie bezeichnet und angerufen wird: Gott, Barmherziger, Allah und mit vielen anderen Namen. Wir teilen gemeinsame Erzählungen aus der jüdischen und christlichen Bibel, aus dem Koran. Viele unserer Gebete sind ähnlich. Und am wichtigsten: Wir haben ein ähnliches Programm für eine bessere Welt mit Frieden und Gerechtigkeit.

Als Muslime, Christen und Juden stehen wir auf dem Boden einer gemeinsamen Geschichte. Wir sind zudem miteinander verwandt: ein Sohn Abrahams, Ismael, ist der Ahnherr der Muslime, und der andere, Isaak, der Vorfahre der Juden. Und Jesus wurde als Jude geboren. Wir gehören sozusagen zu einer Familie, mit ihren charakteristischen Eigenschaften: Man diskutiert und streitet oft, aber versöhnt sich irgendwann. Einander sehen und einander ernsthaft wahrnehmen heißt, dass jede und jeder ihre oder seine Geschichte auf ihre oder seine eigene Weise erzählen und ausbilden kann – jeweils im Austausch mit und im Respekt gegenüber den Mitmenschen. Ich und Du im Gespräch: genau das ist das Geheimnis eines Dialogs, eines Trialogs – und genau das wurde mit diesem großartigen Projekt erreicht.

Deswegen danke ich insbesondere dem Landeskirchlichen Pfarrer für Interreligiösen Dialog der Evangelischen Kirche Berlin-Brandenburg-schlesisches Oberlausitz, Dr. Andreas Goetze, dessen Vorschlag es war, im Rahmen des Evangelischen Kirchentages und darüber hinaus für zwei Monate unter dem Titel „Einander sehen" den Künstler Shahid Alam mit seinen großartigen mikrographischen Blättern in die Evangelische St. Thomas-Kirche Berlin einzuladen. Dank ihm und einem ganzen Team entstand nicht nur eine Ausstellung und ein spannendes Rahmenprogramm, sondern auch ein Austausch zwischen Menschen, die angesprochen durch die Kunst mit einander ins Gespräch kamen. Man sah nicht nur Kunst, sondern auch einander. Darum sollte es gehen, in Berlin, in Deutschland, in Europa.

Photo: Brigitte Lehnhoff

Eine dankbare Gemeinde

Friederike von Kirchbach, Pfarrerin der Sankt Thomasgemeinde Berlin-Kreuzberg

Das war schon eine ganz besondere Zeit für unsere kleine Sankt Thomasgemeinde im Sommer 2017: Acht ereignisreiche Woche haben wir erlebt. 10.000 Besucher*innen hat die Kalligraphie Ausstellung angezogen. Der Künstler Shahid Alam war die ganze Zeit der Ausstellung in unserer Kirche präsent, hat mit enormem Einsatz Kalligraphie-Workshops gehalten und viele Gruppen durch seine Ausstellungen geleitet. Er wurde dabei von Ehrenamtlichen unserer Gemeinde tatkräftig unterstützt. Von früh bis spät strömten Menschen in unsere schöne Kirche am Mariannenplatz in Berlin-Kreuzberg. Natürlich gab es vor allem ein Interesse an der Ausstellung, aber daneben auch ein Interesse am Gotteshaus selbst.

Wir haben in den acht Wochen viel erlebt, mit und in unserer Kirche. Und wir haben dabei viel gelernt. Die Dialogpartner aus der Nachbarschaft, die Referent*innen, die vielen Musiker, der Künstler Shahid Alam selbst und Dr. Andreas Goetze als Landespfarrer für den Interreligiösen Dialog haben sich bei uns auf unterschiedliche Weise präsentiert und wohlgefühlt. Es war sehr schön, nach den Veranstaltungen in der Kirche etwas zu essen und zu trinken. Unsere Kirche hat sich als gastfreier Raum bewährt.

Die Veranstaltungen, die an verschiedenen Orten in unserem großen Kirchenraum stattfanden, haben mich beeindruckt. Vorn im Chorraum: das Konzert mit Cello und Oud und lyrischen Texten zwischen Orient und Okzident oder eine Diskussionsveranstaltung mit Jugendlichen der drei monotheistischen Religionen zum Thema „Wie hältst DU es mit der Religion?"

Natürlich lag ein besonderer Zauber bei der Kalligraphie-Performance von Shahid Alam zu Beginn und zum Ende der Ausstellung über dem Raum. Wir konnten zuschauen, wie ein arabisches Wort kunstvoll auf dem Papier entsteht. So wurde sichtbar, ja und auch fassbar – dass „Heilige Schrift" ein Begriff ist, der im mehrfachen Sinne deutbar ist. Die Schrift selbst zeigt das Heilige, ohne dass es gesprochen werden muss.

Das Ergebnis dieser Wochen ist ganz eindeutig – es war eine sehr gute Zeit für unsere Kirche und für unsere Gemeinde.

Wir werden diese Tage in guter Erinnerung behalten und wir dürfen auch stolz sein auf das, was wir da geleistet haben, selbst wenn es uns manchmal bis an die Grenze unserer Belastbarkeit gebracht hat. Ein Pfarrer aus der Bayrischen Landeskirche, der mit seiner Gemeinde überlegt, ob er Shahid Alam mit seiner Ausstellung zu sich einlädt, meinte, wir seien mit dieser Ausstellung überregional bekannt geworden. Das ehrt uns.

Die Ausstellung „Einander sehen" liegt schon wieder mehr als ein Jahr hinter uns und neue Bilder sind in unserem Kirchenraum zu sehen. Sonst ist alles wie vorher. Oder doch nicht? Haben wir uns verändert? Ich denke, wir werden jetzt erst recht immer wieder in einen kreativen Dialog mit anderen Regionen und Kulturen treten. Sankt Thomas am Mariannenplatz in Berlin Kreuzberg war und ist eine „Kirche auf der Grenze".

Einst ging die Mauer direkt an ihren Fenstern vorbei. Heute gibt es genug Grenzen zwischen den Reichen und den Arme Menschen, die in unserem Kiez leben. Grenzen zwischen Muslim*innen, Christ*innen, Juden und Jüdinnen und der Mehrheit, die sich konfessionslos nennt.

Das wuchtige Eingangstor unserer Kirche steht allen offen, die auf dem Weg zu einem Leben in Frieden und Gerechtigkeit sind. Die große Zeit, wo wir dank der Kunstwerke von Shahid Alam „einander sehen" konnten, wird uns helfen, als Gottes Volk unterwegs zu sein.

Kalligraphie-Performance von Shahid Alam; Photo: Henrik Weinhold

Kunstbrücken

Shahid Alam, Künstler

In einer Zeit, die von religiösem Fundamentalismus und daraus resultierenden Vorurteilen beherrscht wird, ist es dringend notwendig, dass die Schritte unternommen werden, die den Menschen unterschiedlicher religiöser und kultureller Herkunft Möglichkeit geben, sich gegenseitig besser kennen zu lernen. Besser könnte der Titel der Ausstellung in St. Thomas, die fast zwei Jahre intensive Vorbereitung in Anspruch nahm, nicht sein: *Einander sehen*.

„Einander sehen – war nicht nur der Titel der Ausstellung, sondern Programm: sich wahrnehmen, die anderen wahrnehmen, sich im anderen sehen und sich selbst neu sehen. Bei dieser interreligiösen Kalligraphie-Ausstellung kooperieren jüdische und muslimische Partner zusammen – ein ausgesprochen wichtiges Signal in die so bunte und vielfältige Stadt Berlin hinein." (so Dr. Andreas Goetze) Von großer Bedeutung war diese Ausstellung nicht nur für die von ihrer Multikulturalität geprägten Stadt Berlin – einer Stadt, die lange Zeit über eine Mauer zu blicken gewohnt war, diese aber zuletzt zu überwinden und zu beseitigen gelernt hat. Auch die Menschen in anderen europäischen Ländern – auf der Suche nach Friedenszeichen in unserer von Gegensätzen und Konflikten bestimmten Welt – nehmen diese einzigartige Entwicklung in Deutschland wahr: Hier, wie in dieser Ausstellung, wird der Dialog der Religionen und die interkulturelle Verständigung durch die Ästhetik der arabischen Schrift gefördert. Menschen aus der ganzen Welt besuchten die pulsierende Stadt Berlin. Zu meiner großen Überraschung und Freude und Dank der guten Werbung kamen die Menschen in die Ausstellung auch aus den fernen Ländern des Ostens: aus dem Iran, Irak, Indien, Pakistan, Afghanistan, Israel, Ägypten, Algerien – aber auch aus Amerika, Kanada und aus fast allen europäischen Ländern. Für die meisten Besucher*innen war die Ausstellung mit Koransuren und Texten aus der Tora in einer christlichen Kirche ein überwältigendes Ereignis. Ein Zeichen der Hoffnung auf Frieden.

Voller Dankbarkeit blicke ich auf diese Ausstellung, die über zwei Monate in St. Thomas gezeigt wurde und durch den unermüdlichen Einsatz der St. Thomasgemeinde und von Dr. Andreas Goetze möglich wurde, zurück. Pfarrerin Friederike von Kirchbach und alle anderen Angehörigen der Kirche haben mich in jeder Situation unterstützt. Durch die Ausstellung gewann ich nicht nur neue Freunde, sondern lernte auch neue, mir unbekannte Gesichter der Stadt Berlin kennen.

v.l.n.r.: Pfarrer Abuna Murat Üzel, Rabbiner Prof. Dr. Edward van Voolen, Usama Abdurahman

Andreas Goetze

Berliner Orient Ensemble; Photos: Andreas Beckermann

Mittagsgebet mit Rezitationen aus Heiligen Texten

Im Rahmen der interreligiösen Kalligraphie-Ausstellung, auf dem Deutschen Evangelischen Kirchentag, Mai 2017

Mitwirkende
Christlich: Pfarrer Abuna Murat Üzel (Syrisch-Orthodoxe Kirche von Antiochien)
Jüdisch: Rabbiner Edward van Voolen (Abraham Geiger Kolleg)
Muslimisch: Prof. Dr. Usama Abdurahman (Muslimische Jugend Deutschland)
Musik: Berliner Orient Ensemble, Leitung: Hassan Abul-Fadl
Liturgie: Dr. Andreas Goetze, Landespfarrer interreligiöser Dialog, Berlin

Ablauf
Einstimmung: „In der Gegenwart Gottes ankommen" (Klangschale mit Stille)
Musik: Berliner Orientensemble
Gebet (unter Aufnahme des Gebetes der Vereinten Nationen)

Stille

„Dem Wort Raum geben" – Rezitation heiliger Texte – Thema: Frieden und Gerechtigkeit
(Erst jeweils auf Deutsch vorgelesen – dann Rezitation – dann Moment Stille)

Ein Wort aus der Tora	jüdisch	Hebräisch	Text: 5. Mose 6,4-9 / Shalom-Wort
Wort aus dem Neuen Testament	christlich	Aramäisch	Text: Matthäus 5,3-10
Ein Wort aus dem Koran	muslimisch	Arabisch	Text: Sure 55:1-14; 27-30

Stille

Musik: Berliner Orientensemble
Gebet (nach Franz von Assisi)

Segensworte
Muslimisches Segenswort (Deutsch)
Jüdisches Segenswort: Priestersegen (Hebräisch)
Christliches Segenswort (Aramäisch)
Musik: Berliner Orientensemble

„Zum Himmel und zum Licht hin offen"

Die Kunst der Kalligraphie – vom Hauch Gottes in der Schönheit der Schrift
Andreas Goetze

Sinnlich, bewegend, interreligiöse Begegnungen eröffnend: Die Kunst der Kalligraphie. Der Künstler Shahid Alam stellt seine Kunst der Kalligraphie vor. Alam, 1952 in Lahore in Pakistan geboren, lebt seit fast vier Jahrzehnten in Deutschland. Seine Familie pflegt die Kunst der Kalligraphie seit vielen Generationen. Unter dem Thema „Einander Sehen – Kalligraphie als ästhetische Brücke im interreligiösen Dialog" hat der Künstler Shahid Alam inspirierende Kalligraphien mit Texten aus Tora, Neuem Testament und Koran geschaffen. Heilige Schriften werden zu einem Wahrnehmungsraum und es entstehen Kunstbrücken, die intensive interreligiöse Begegnungen ermöglichen. In diesem Buch werden seine Kunstwerke verbunden mit geistlich-theologischen, teils mehr wissenschaftlichen, teils mehr spirituellen Überlegungen zum Verständnis Heiliger Schriften aus jüdischen, christlichen und islamischen Perspektiven.

Kalligraphie – das ist die Kunst der schönen Schrift, tief verwurzelt im mittelöstlichen Kulturraum, gepflegt im Christentum, bedeutsam für Judentum und Islam. Sie wurde schon beschrieben als „Musik für die Augen".

Die Kalligraphie ist in der Kulturgeschichte überall dort bedeutsam, wo das Abschreiben heiliger Texte selbst ein sakraler Vorgang ist. Die Kalligraphien haben eine liturgische, künstlerische, ästhetische, kulturelle und theologische Bedeutung: So etwa traditionell im Judentum, aber auch im Christentum und insbesondere im Islam. Die Schrift auf möglichst schöne Art und Weise wiederzugeben, ist daher die „Königin der Künste" (Navid Kermani). Diesen Klang mit den Augen wahrnehmbar zu machen, mich mit der Schönheit der Schriftsprache vertraut zu machen, dem dient die Kunst der Kalligraphie von Shahid Alam. Er eröffnet mit seinen Kunstwerken einen sinnlichen, ästhetischen Zugang zu den drei Religionen – Gottes Poesie in der Schrift.

Sprache der Liebe

Drei Menschen diskutieren über die Liebe. Der eine hat gerade ein philosophisch-theologisches Werk darüber geschrieben und baut große Gedanken-Systeme darauf auf, dass die Liebe das Prinzip ist, das alles zusammenhält. Der zweite hat gerade ein neueres Buch über die Hirnforschung gelesen und versucht zu beweisen, dass alles, was der erste für Liebe hält, nur chemische Prozesse sind. Der dritte hingegen ist selbst verliebt. Er steckt sozusagen mittendrin. Was er sagt, klingt in den Ohren der beiden anderen nicht sehr seriös. Er redet von Bauchflattern und Sternen und widerspricht sich im Grunde laufend.

Und doch ist es so, dass der, der wirklich verliebt ist, in seiner ganzen Stammelei wesentlicher von der Liebe zu reden weiß als die beiden anderen. Die Form, in der der dritte seine Erfahrungen äußert, ist ganz und gar unzulänglich und wahrscheinlich wäre er der erste, der das zugeben würde. Aber das, was ihn überwältigt hat, die Erfahrung der Liebe, ist echt, ist tief, ist real.

Genau dies ist das Geheimnis der Schreiber der Heiligen Schriften: Sie sind dem ewigen Gott begegnet. Und das, was sie in dieser Begegnung erfahren haben, das haben sie in ihrer Geschichte, in ihrem Kulturraum und ihrer Vorstellungswelt niedergeschrieben. Das bedeutet aber, dass wir, wenn wir eine Heilige Schrift verstehen wollen, uns einer gewissen Mühe unterziehen müssen. Wir können eine Heilige Schrift, gleich welcher Tradition, nicht verwenden wie etwa ein Kochbuch. Es geht darum, sich Zeit zu schenken, um Gottes Wort an mich zu entdecken – so wie ich, wenn ich einen Menschen verstehen will, mir Zeit lassen, mich in ihn hineinversetzen muss.

Alle Heiligen Schriften gehen davon aus: Gott hat geredet – auf vielerlei Weise. Wir werden – wenn wir die Heilige Schrift lesen – mit hineingenommen in Gottes Geschichte mit uns Menschen. Das ist das Geheimnis der Tora, der Bibel mit Erstem/ Altem und Zweitem/ Neuem Testament und davon ist der Koran beseelt. Menschen haben Erfahrungen mit diesem Gott gemacht.

„Musik für die Augen"

Geistlich-spirituell gesagt: Mein Leben ist zum Himmel, zum Licht hin offen – im Hören, im meditativen Schauen entfaltet sich das Wort, erschließt sich der Sinn. Was die Augen aufnehmen, vertieft der Klang. Heilige Schriften, ob Tora, Bibel oder Koran wurden und werden zunächst laut vorgetragen, rezitiert im Gottesdienst. Heilige Schriften, ob Tora, Bibel oder Koran, waren und sind zunächst einmal Hörbücher: Ihre Texte wurden und werden laut vorgetragen, rezitiert im Gottesdienst. Westlich geprägten Menschen ist dieses Hörerlebnis mehr und mehr abhandengekommen. Im Orient hat sich diese fast wie ein Gesang erklingende Schrift-Rezitation bewahrt. So hat es die christliche Kirche vom Judentum gelernt. Und so hat es der Islam vom Christentum übernommen.

So hörend, wahrnehmend treten Menschen ein in einen weiten Raum, der ihnen das Göttliche eröffnen kann – wie einen Hauch, ein Empfinden, einen Klang, angerührt und berührt vom Geheimnis des Lebens, das größer ist als alles (intellektuelle) Verstehen. Es macht schon einen Unterschied, ob ich den Text wortwörtlich nehme oder ihn beim Wort nehme. Die Problematik der Orientierung an einem wortwörtlichen Verstehen dieser heiligen Narrative liegt darin, dass sie die früher offene Gelehrsamkeit mit ihrer Vielfalt in den Stand unhinterfragbarer und zeitlos gültiger Regelungen erhoben hat. In diesem Zusammenhang gelangen dann auch die damaligen politischen und gesellschaftlichen Kontexte zum Maßstab für heute – tendenziell sind alle Religionen, die eine Heilige Schrift auf diese Weise zur Grundlage nehmen, gefährdet, in solch ein dogmatisches Schriftverständnis zu gleiten. Die jeweils vorhandene Vieldeutigkeit und die in einer Religion vorhandene Pluralität geraten dann zunehmend aus dem Blick. Doch Zeitliches und Überzeitliches ist in allen Offenbarungsreligionen zu unterscheiden. Eine geschichtssensible Auslegung würdigt die jeweilige Heilige Schrift als ein spirituelles „Wahrnehmungsereignis", das stets neu gehört und verstanden werden muss.

Vieldeutigkeit als Grundprinzip

Im Talmud ist eins der hervorstechendsten Merkmale, dass bei allen Kontroversen und Entscheidungsfragen immer die unterschiedlichen Meinungen aufbewahrt und erörtert werden. Und das auch dann noch, wenn die Entscheidung längst für die eine und gegen die andere Position gefallen ist. Die „Unterlegenen" sind eben nicht einfach Irrende.

Es gibt hier viel mehr als Schwarz oder Weiß, Richtig oder Falsch. Für die Minderheitsmeinung mag es Gründe geben, die in einem veränderten Kontext neu wichtig werden können. Darum werden sie aufbewahrt und überliefert und weiter gelernt – in der grundlegenden Achtung davor, dass auch sie dem Bemühen entspringen, miteinander den Namen Gottes zu heiligen. Diese Ausrichtung auf die Vielfalt ist das geistlich Entscheidende.

Diese Spur findet sich auch in der islamischen Tradition. „Und wenn Du etwas nicht verstehst und nicht weiter weißt", heißt es da in Sure 16, „dann frage die, die vorher die Offenbarung bekommen haben, Juden und Christen". Und: „Sprich, oh Besitzer des Buches – also Juden wie Christen – kommt herbei zu einem Wort, das uns und euch gemeinsam ist" (Sure 64:3). Und in der zu allerletzt offenbarten Sure 5 heißt es noch: „Siehe, die Gläubigen, die Juden, Sabäer und die Nazarener – wer da glaubt an Gott und an den Jüngsten Tag und das Rechte tut – keine Furcht soll über sie kommen und nicht sollen sie traurig sein," (Sure 5:69).

Vieldeutigkeit gilt in der klassischen Schriftauslegung als Grundprinzip. Das gilt für die Lesarten und Textvarianten ebenso wie für die Textinterpretation. Nicht zufällig sind vier Evangelien im Kanon des Neuen Testamentes überliefert: Die verschiedenen Narrative dienen dem Ziel, die Fülle der Zugänge zu Jesus und damit zu Gott zu erzählen, nicht eindimensional, sondern vielstimmig. Und der Koran ist mitsamt seinen verschiedenen Lesarten und seinem Variantenapparat „göttlicher Text". Um diese Komplexität auf ein handhabbares Maß zu reduzieren, haben sich islamische Gelehrte im 9. Jahrhundert darauf geeinigt, für kultische und juristische Zwecke lediglich sieben bzw. zehn dieser Lesarten heranzuziehen. Sie gelten alle als gleichermaßen gut und gültig. Die Vielstimmigkeit blieb.

Ob Tora, Neues Testament oder Koran: jede Heilige Schrift ist für sich genommen ein schwieriges, themenreiches und tiefgründiges Buch. Es enthält keine gradlinige Erzählung, sondern verschiedene Erzählstränge und dazu noch verschiedene Sprachstile. Die hebräische und die arabische Sprache selbst sind vielfach uneindeutig und schwer zu entschlüsseln. Das vorhandene Schriftmaterial bedarf also der Interpretation, der Auslegung.

Das protestantisch anmutende „solo scriptura" (allein die Schrift) ist für den innerjüdischen wie innerislamischen Diskurs ebenso ein modernes Phänomen wie seine scheinbare Allgegenwart, die uns medial vermittelt wird. Wer allerdings einzelne Verse aus dem Gesamttext herauslöst als wäre die Heilige Schrift ein Nachschlagewerk, vermag nichts wirklich Substantielles auszusagen. Um zu einer Deutung bzw. zu einem Verständnis eines Textabschnittes zu kommen, ist es daher nach klassischer Gelehrsamkeit wesentlich, die eigene, vielstimmige, in ihr angelegte Ambiguität mit zu bedenken. Aus jüdischer Perspektive auf der Grundlage des Talmud, aus christlicher mit Hilfe der Kirchenväter und aus islamischer unter Heranziehung der Propheten-Überlieferungen und der islamischen Gelehrsamkeit. Es ist daher eine weitaus höhere geistige Anstrengung nötig als die bloße Zitation eines Verses. Wer den Koran derart selektiv liest, manipuliert den Islam, sei er Islamist oder Islamkritiker. Das gilt entsprechend für Tora und Neues Testament.

Stets ist beides mitzubedenken: Auf der einen Seite herrscht die Überzeugung in den Offenbarungsreligionen, dass sich in ihrer Schrift das unverfälschte und klare Wort Gottes findet. Auf der anderen Seite weiß man darum, dass diese Schrift an einem bestimmten Ort, zu einer bestimmten Zeit offenbart wurde. Einer der zentralen Punkte der theologischen und damit hermeneutischen Auseinandersetzung dreht sich von daher um die Frage: Wie bekomme ich diese zwei Annahmen zusammen? Thomas Bauer macht zu Recht im Blick auf den Islam auf ein grundlegendes Missverständnis der Schriftauslegung in der Moderne aufmerksam: „Während man in der islamischen (und das gilt ebenso für die jüdische wie christliche, Anm. Verf.) Welt einst Vieldeutigkeit schätzte und sie lediglich auf ein handhabbares Maß reduzieren, nicht aber ausmerzen wollte, ist man in der westlichen Moderne bestrebt, Ambiguitäten so weit wie möglich zu beseitigen. Die klassische islamische Form der ‚Ambiguitätszähmung' wurde in der Moderne abgelöst durch den Versuch einer radikalen ‚Ambiguitätsvernichtung'".[1]

Religiöse Texte als „Wahrnehmungsereignis" zeichnen sich gerade dadurch aus, dass sie aufgrund ihrer Mehrdeutigkeit interpretierbar sind, ja interpretiert werden müssen. Aber ohne Überheblichkeit und anmaßende Besserwisserei. Das beschreibt Navid Kermani anschaulich: „Ein klassischer Korankommentar enthält stets mehr als nur eine Deutung. Erst nachdem der Exeget die möglichen Interpretationen aufgezählt hat, stellt er seine eigene vor, um mit der Floskel wa-llâhu a'lam abzuschließen: ‚... und Gott weiß es besser' (...). Dass niemand über die absolute Deutung verfügt, mehr noch: es diese eine Deutung gar nicht geben dürfe, gehört zu den Grundannahmen der klassischen muslimischen Exegese, die im theologischen Disput zwar immer schon übergangen, aber niemals so konsequent bestritten wurden wie heute von muslimischen Fundamentalisten und westlichen ‚Experten', die mit dem Koran in der Hand Muslime darüber belehren, wie streng ihre Religion sei".[2]

Jede Interpretation, die behauptet, den Sinn der Heiligen Schrift für immer festzulegen, steht unter Ideologieverdacht und spielt radikalen Gruppierungen in die Hände. Und: Dass etwas in der Tora, im Neuen Testament oder im Koran steht, ist selbst noch kein Beleg dafür, dass es auch den Glauben von Juden, Christen oder Muslimen theologisch und spirituell bestimmt.

Die religiöse Erkenntnis, so der muslimische Gelehrte Abdolkarim Soroush, sei immer wandelbar: Gott habe zwar mit Muhammad den letzten Propheten geschickt, nicht aber die letzte Interpretation von Gottes Wort. Geistlich-spirituell gesprochen und übertragen auf alle Offenbarungsreligionen: Es geht nicht um Information, um ob-

---

[1] Thomas Bauer, Musterschüler und Zauberlehrling: S. 7. „Ambiguität" meint „Doppeldeutigkeit" bzw. „Mehrdeutigkeit".

[2] Navid Kermani, Wer ist wir? Deutschland und seine Muslime, München 2009, S.109.

jektives Wissen, sondern um die Änderung der inneren Haltung: Dass ich mich vom Wort Gottes anrühren lasse, dass ich mich in der Tiefe meiner Seele und meines Geistes bewegen lasse.

Schrift als „Wahrnehmungsraum"
Der notwendige Dialog mit der eigenen Tradition und dem eigenen Schriftverständnis darf sich nicht auf die intellektuelle Ebene beschränken, es muss auch ein Dialog mit dem Herzen sein, so dass ich einen emotionalen Zugang gewinnen kann. Kunst und Musik, die Ästhetik öffnet einen solchen weiten Raum, der nicht nur zu einem „Wissen über die Schrift", sondern zu einem inneren verstehen der Botschaften führen kann. Den Heilige Schriften wollen erzählt werden, innere Bilder erschließen, Begegnungsräume mit Gott und den Menschen – einander sehen! Diese Schönheit im Klang, der vom Hören der Heiligen Schriften kommt, möchte abgebildet werden. Kalligraphie (von griechisch Καλλιγραφία (kalligraphia), κάλλος (kállos, Schönheit) bzw. καλός (kalós, schön, gut) und γράφειν (gráphein, schreiben) ist die Kunst des Schönschreibens von Hand, mit Federkiel, Pinsel, Tinte oder anderen Schreibutensilien. Kalligraphie, die die Kunst der schönen Schrift, ist tief verwurzelt im arabischen Kulturraum, gepflegt im Christentum, bedeutsam für Judentum und Islam. Sie wurde schon beschrieben als „Musik für die Augen".
Die Kalligraphie selbst ist eine spirituelle Übung, in der sich Gottes Wort erschließt, Gottes Welt geheimnisvoll erkennbar wird. Weil die Erkenntnis Gottes durch das Wort erfolgt, verliert die sinnliche Wahrnehmung durch das Bild in Judentum und Islam ihre Bedeutung. Gottes Wort – es will aufgenommen, wahrgenommen werden, mein Herz berühren. Die Grundfrage lautet: „Bin ich ganz Ohr? Höre ich nur die Worte oder vernehme ich den Sinn?" Paulus, der jüdische Gelehrte, schreibt an die junge christliche Gemeinde zu Rom: „Der Glaube kommt aus dem Hören" (Röm. 10,17). Die nach islamischer Tradition älteste Überlieferung (Sure 96:1) beginnt entsprechend mit dem Wort: „iqra!" – „Rezitiere (laut)!" „iqra" – dieses syrisch-aramäische Verb ist verwandt mit dem Substantiv, das wir alle kennen: „qur'ân". „qur'ân" bedeutet: „das zu Rezitierende,: „Nimm wahr, nimm Gottes Wort auf. Rezitiere laut – damit Du es wirklich vernehmen kannst". Wenn Gott spricht, geht es um ein Wahrnehmungsereignis, das die Hörenden ergreift, innerlich berühren möchte und so zum Lob Gottes, zur Hingabe an Gott bzw. zum Gebet inspiriert. Vergleichbar mit einer Musikpartitur, die nicht von sich aus klingt, ist die Heilige Schrift (Tora, Bibel aus Altem und Neuem Testament, Koran) das Wort Gottes in dem Moment, indem sie durch den Geist erklingt, ein Klangraum entsteht. Texte wurden laut gelesen – am besten auch im Gehen (wie z. B. auch bei den griechischen Philosophen). Wir dagegen lesen meistens nur noch leise – wenn wir überhaupt noch lesen. So sind wir auf gewisse Weise hörunfähig geworden – unsensibel für den zwischen Text und Hörendem liegenden Wahrnehmungsraum. Die orientalische Erfahrung mag uns etwas lehren, was wir – nicht nur im Westen, aber besonders bei uns – nicht (mehr) kennen. Was eröffnet das Rezitieren – und das heißt ja: das laute Lesen, das „Zum Klingen-Bringen" der Offenbarung?[3]

---
3 Vertiefend dazu vgl. Navid Kermani, Gott ist schön. Das ästhetische Erleben des Koran, München 2011.

Echte religiöse Sprache mit ihrem Rhythmus, ihrer symbolischen Art spricht ins Unterbewusste, in Regionen, die dem rationalen Argument unzugänglich sind – wie bewegende Momente von Liebe, von Augenblicken, die einen ins Staunen versetzen. Schrift-Rezitation ist Begegnung mit dem Heiligen. Daher ist es wichtig nicht alles auf einmal zu hören, sondern wie bei jeder guten Medizin in bekömmlichen Dosierungen. Es geht ja nicht um Informationen, um objektives Wissen, sondern um die Änderung der inneren Haltung – dass ich mich vom Wort Gottes anrühren, in der Tiefe meiner Seele und meines Geistes bewegen lasse, dass es mich auch leibhaftig erreicht mit allen Sinnen, emotional. Daher ist der „sound" beim Rezitieren so wichtig. In der christlichen Tradition heißt es deswegen auch „Gospel" („Nachricht", „Mit-Teilung„), hörbare Proklamation – im Griechischen: „Kerygma".

Dieser Zugang, der ja ein gemeinsames Erbe der drei großen monotheistischen Religionen im Großraum Syrien ist, könnte den Gläubigen helfen, einander näher zu kommen. Damit dies geschehen kann, müssen alle drei die musikalische und bezaubernde Kraft des „sounds" der heiligen Texte (wieder) entdecken. Auf diesem Hintergrund ist schon zu erahnen, was es bedeutet, wenn das Verständnis der eigenen Heilige Schrift auf den Buchstaben, auf den Text reduziert wird. In der Folge besteht die Tendenz, das eigene Wahrheitsverständnis zur Aussage über „die Wahrheit" zu verkürzen, die Schrift als Regelwerk und Norm aufzunehmen statt als spirituell-theologischen Wegweiser in der lebendigen Kommunikation mit Gott.

Mensch –
So öffne dich
Vernimm den Klangraum
Stelle dich hinein in die Geschichte Gottes
Es ist auch deine Geschichte
Eine Geschichte der Liebe, der Hoffnung, des Glaubens.
Lass die Worte in dich ein, damit sie in dir wohnen
Lass die Worte in dich ein, damit sie in dir klingen
Lass die Wort in dich ein, damit sie in dir
Kraft entfalten.

Seh-erfahrung (I)

Christine Funk

"Unser Gott und Euer Gott ist einer"
Koransure 29/46
(Aus der Koranübersetzung von Hartmut Bobzin)

Öl und Tusche auf Papier; 80cm x 60cm; Aachen 2012

„Unser Gott und Euer Gott ist einer"

Eine leicht bewegte hohe gerade Form in verschiedenen Weißtönen auf blauen Grund – ihn scheinbar öffnend oder aus ihm hervortretend – über der kalligraphierten Schriftzeile aus dem Koran (29,46).
Mein erster Seh-Eindruck: Schön. Symmetrisch, geheimnisvoll, klar, bewegt.
Das an Gemälde von Yves-Klein erinnernde Blau gibt den Blick auf die weiße Helle der Unendlichkeit frei bzw. wird von ihr in die Immanenz durchbrochen (auch ein Goldton schimmert im Weiß mit), so dass auf der Tiefe des Blaus weiße Schrift sichtbar wird.
Meine Augen, die die Welt in der lateinischen Schrift sehen und in ihr Bilder erkennen gelernt haben, und mein so geprägter Geist folgen leicht der Übersetzung der Schriftzeile: „Unser Gott und euer Gott sind einer." (H.Bobzin). In der fein bewegten Form des Alif, des ersten Buchstaben des arabischen Alphabets (und des hebräischen in eigener Graphie), erkenne ich leicht ein „Bild" für die Aussage des Verses: Gott ist einer. Das weißgoldene Licht, das durch den Alif-Spalt dringt, scheint alle Buchstaben der Schrift zu erhellen.

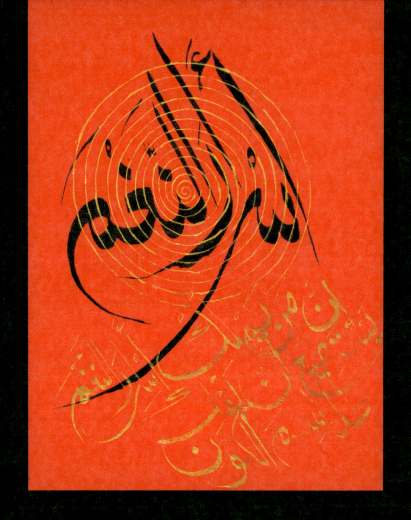

Geheimnis der Töne
„Wer das Geheimnis der Töne kennt, der kennt das Mysterium des gesamten Kosmos"
Sufi Hazrat Inayat Khan (1882 – 1927 Indien)

Tinte und Tusche auf Kaharipapier; 65cm x 55cm; Stolberg 2018

Der unerhörte Klang Gottes

Interview mit Martin Schleske, dem Geigenbauer, Erzähler und Buchautor (u. a. Der Klang. Vom unerhörten Sinn des Lebens).
Die Fragen stellte Melanie Kirschstein, Pastorin in Hamburg-Winterhude

Was haben Sie Unerhörtes zu sagen, dass so viele es hören wollen?

Tatsächlich habe ich gar nicht den Ehrgeiz, Neues zu sagen. Ich möchte die tiefen Dinge des Lebens vielleicht noch einmal anders sagen. Es sind Urwahrheiten, die überall aufleuchten, wo wir lieben. Die Liebe ist der Lehrer des Lebens. Ich liebe den Geigenbau, also spricht er zu mir als ein Lehrer über die Urwahrheiten des Lebens – wie ein Gleichnis. Alles, was wir lieben, hat so eine gleichnishafte Kraft.

Was lehrt Sie der Geigenbau?

Geduld und Hineinspüren – und nicht mehr zu wollen, als das Holz erlaubt. Also auch im Leben nicht mehr zu wollen, als gut ist. Wenn ich zu starke Instrumente bauen will, dann übertreibe ich und überfordere die Möglichkeiten des Holzes. Dann klingt das Instrument abgesoffen und konturlos. Wenn ich nicht weit genug gehe aus Ängstlichkeit, dann klingt es genauso hässlich. Der Klang wird scharf, penetrant und eng. Man kann sagen: Beides ist gleichermaßen Sünde. Stolz, Ehrgeiz und Eitelkeit übertreiben leicht, die Angst untertreibt.

Es gilt, den Weg dazwischen zu finden. Zu fragen: Was ist das richtige Maß? Sich innerlich zu reinigen von Stolz und Angst. Das ist ein Akt der Seelenführung. In frommen Kreisen gibt es manchmal so eine Art von Demutsideal: Bloß nicht übertreiben, immer demütig sein! Wie viele Menschen leben unter Niveau, weil sie immer mit diesem Ideal der Demut konfrontiert sind wie mit einem Joch. Sie haben sich nie getraut zu leben, wer sie sind. Ängstlichkeit ist genauso schlimm wie Arroganz und Stolz. Das Gesunde ist auf beiden Seiten gefährdet.

Ihr erstes Buch heißt „Der Klang. Vom unerhörten Sinn des Lebens". Hat jeder Mensch seinen eigenen Lebensklang?

Ja, das glaube ich. Das kann man deutlich machen mit dem Begriff „Person" – von dem lateinischen per sonum, das heißt „durchtönen". Was durch dich hörbar wird, macht dich zur Person. Es geht aber nicht darum, immer nur in uns zu suchen, in uns zu graben, wer wir sind. Ich bin nicht spannend genug, um ständig in mir zu suchen. Nein, etwas anderes klingt durch mich, durch uns – und macht uns zur Person.
Ich gehe in mich – und nehme erstaunt zur Kenntnis, dass manches, was durch mich geschieht, viel mehr ist als das,

was in mir und allein aus mir geschieht. Person sein heißt: Glaube wird durch dich hindurch spürbar – manchmal, ohne dass du es merkst!

Glaube kommt zum Klingen, tönt durch uns hindurch wie der Klang durch die Geige?

Ja, das ist das schönste Gleichnis, der Kern: Wir sind Instrumente Gottes. Wir lassen uns von Gott spielen. Damit bekommt der Glauben etwas wunderbar Spielerisches und das ist gut gegen Verbissenheit und Krampf. Glauben heißt, in Einklang mit Gott zu kommen – das ist kreatives Spiel. Wir dürfen mit Gott spielen. Der Heilige Geist hat eine große Freude daran, dass wir spielerisch entdecken, was möglich ist. Gott befiehlt nicht, er fragt uns: Was erlaubst du mir? Das ist für mich ein Grundwort des Glaubens geworden in den letzten Jahren: Glauben heißt ›erlauben‹. Gott sucht dich! Was darf er dir sein? Er findet etwas in dir und sagt: Ach wunderbar, hier entdecke ich etwas Lebendiges, was mir entspricht... So erlaubst du Gott, in dein Leben hineinzuspielen und zu klingen. Glauben ist die Einwilligung des Herzens zu diesem Spiel.

Nicht immer sind wir im Einklang mit Gott...

Auch Instrumente können einen verschlossenen Klang haben. Gott will durch uns klingen. So wie der freie Klang des Instrumentes die Stimme des Musikers ist. Wenn das Instrument keinen freien, lebendigen Klang hat, das kann immer passieren, dann leidet der Musiker. Es war für mich wie eine Offenbarung zu erleben, wie tief ein Musiker am verschlossenen Klang seines Instrumentes leiden kann. Ich begriff darin etwas vom Leiden und von der Verletzbarkeit Gottes. Das Wesen Gottes ist nicht verletzbar – es bleibt Liebe. Aber die Anwesenheit Gottes in unserem Leben ist das Verletzbarste, was es gibt. So verletzbar wie der freie Klang eines Instrumentes, wie eine Liebesbeziehung, wie das Heilige, was unter uns präsent sein kann, aber sich nicht aufdrängt. Gott kann so entstellt, verletzt, geschändet werden in unserer Welt. Gott ist behindert an uns – wie ein Musiker, dessen Instrument nicht klingen will. In diesem Sinne glaube ich an einen behinderten Gott, der um der Liebe willen an uns behindert ist, wenn wir ihm nicht erlauben, durch uns zu klingen. Gott braucht uns, unsere Bereitschaft. Der verschlossene Klang ist wie ein verschlossener Mensch – verschlossen durch Misstrauen, Angst, Sorge und Unfrieden.

Es geht darum, den lebendigen, freien Klang zu finden – wie bei einem Instrument?

Heilung heißt, wieder stimmig zu werden, in Einklang zu kommen. Sich anvertrauen auch mit dem Schweren, alles hingeben in diesen Raum des Vertrauens. Im Tiefsten ist diese Hingabe das Geheimnis der Vergebung. Ich hätte niemals vermutet, wie wenig ich vergeben habe! Das wird oft so flach in kirchlichen Kreisen gesagt: Vergebung sei ein Willensakt. Oh nein! Willensakt ist zwar richtig, das ist die Tür, die ich öffne, aber dann geht es viel tiefer in die Seele, den Weg durch alle Gefühle hindurch, bis ich an diese Quelle komme, die eine große Reinheit, Liebe und Schönheit hat und mich leise fragt: Bist du bereit, jetzt

zu vergeben? Es ist eine Bitte Gottes. Keine Forderung, sondern eine sanfte Frage: Kannst du jetzt vergeben? Ein Mensch, der in der Tiefe vergeben hat, wird frei wie ein Instrument, das seinen lebendigen Klang wiedergefunden hat. Das ganze Leben kann man so ansehen:
Wo berühre ich etwas von diesem Geheimnis, diesem unerhörten Klang Gottes? Wo lasse ich ihn mitspielen? Wo klingen seine Töne durch mich hindurch? Dort kommt das Leben in Fluss, da wird Heilung und Stimmigkeit spürbar.

Was bedeutet Sünde in diesem Gleichnis?

Sünde ist wie ein entstellter Klang, was bedeutet, den lebendigen freien Lebensklang zu verfehlen. Das ist ein existenzieller Zustand. Es geht nicht so sehr um das, was wir tun. Mein Misstrauen fragt voller Angst: Vielleicht ist es doch nicht das Beste zu vertrauen? Vertrauen ist ja oft nicht so leicht. Das ist für mich gut ausgedrückt in dem biblischen Satz: „Ich glaube, hilf meinem Unglauben." Ich gebe das Bisschen, was ich habe, und sage gleichzeitig: Hilf meiner Angst, hilf meiner Sorge. Hilf dort, wo ich das Gefühl habe, da komm ich nicht ganz ran. Hilf, dass ich das Lebensspiel wieder aufnehme – dieses Spiel des Miteinanders zwischen Gott und Mensch.

Ihr neues Buch heißt „Herztöne. Lauschen auf den Klang des Lebens". Was sind in diesem Zusammenhang Herztöne?

Die Eigentöne der Geige nenne ich Herztöne. Es ist das, was die Geige ausmacht. Und es sind ja auch die Herztöne Gottes, um die es mir geht.
Zu hören auf den Rhythmus und den Klang Gottes in unserem Leben, unser Ohr an das Herz Gottes zu legen, damit unser Herz sich mit Gottes Herz verbindet, mitschwingt.

(aus: „Andere Zeiten Magazin" 2/ 2016. Wir danken für die Abdruckgenehmigung)

Das jüdische Morgengebet
(Übersetzung siehe Seite 42)

Heilige Texte im Judentum

Edward van Voolen

Juden sind das „Volk des Buches". Diese Charakterisierung aus dem Koran bezieht sich nicht nur auf Juden, sondern auch auf Christen und Muslime. Judentum, Christentum und Islam sind Buchreligionen. Das Lesen, Studieren und manchmal sogar das Illustrieren des Buches stehen im Mittelpunkt. Kenntnis und Studium des Textes bilden das höchste Ideal und sind für Juden sogar eine religiöse Pflicht, ein religiöses Gebot (Hebräisch: „Mizwa,").

Im Judentum verweist der Begriff „Heilige Schriften" auf mehrere wichtige Textbestände. Der wichtigste Text ist der TaNaCh (die hebräische Bibel, das Alte Testament), auch schriftliche Lehre genannt. Der zweitwichtigste Text ist die mündliche Lehre. Schriftliche Bibeltexte brauchen ja Erläuterungen, weil bestimmte Worte und Konzepte auf den ersten Blick ihre Bedeutung nicht verraten. Diese ursprünglich mündlich überlieferten Erklärungen haben die Rabbiner erst nach der Zerstörung des Zweiten Tempels im Jahr 70 (nach der üblichen Zeitrechnung) aufgezeichnet, nachdem Juden weit über die Welt verstreut wurden (Diaspora). Bis heute wird die rabbinische Literatur erweitert und studiert. Auch Gebetsbücher für die Benutzung in Haus und Synagoge – der dritte heilige Textbestand – haben für Juden eine besondere Bedeutung.

Eine vierte Gruppe sind die mystischen Texte. Eine der wichtigsten ist die Kabbala. Und schließlich sind Amulette mit geschriebenen Texten, denen eine magische Wirkung zugeschrieben wird, heilig – besonders dann, wenn sie den Gottesnamen erwähnen. Ob Bibel, rabbinische Kommentare, liturgische, mystische oder magische Texte, sie alle sollten respektvoll behandelt werden. Bei Beschädigung sollten sie nicht einfach weggeworfen, sondern beerdigt werden.

Wenn man jüdische Bücher sieht – in Handschrift oder gedruckt –, fällt direkt am Blattspiegel auf, dass die Diskussion und die Kommentare das gleiche Gewicht wie der Haupttext haben. Auch wenn man den Inhalt nicht lesen kann, versteht man gleich, was gemeint ist: Der Text in der Mitte wird immer wieder unterbrochen durch Kommentare und Erläuterungen aus unterschiedlichen Zeiten und Orten. Dass sie zusammen auf einer Seite nebeneinander stehen bedeutet, dass nie versucht wurde, sie auf einen Nenner zu bringen. Im Gegenteil, es zeigt sich ein vielstimmiger Chor mit dissonanten Stimmen, die einladen, selbst mitzudiskutieren. Über Generationen hinweg und durch alle Zeiten hindurch wurden Juden so durch das Studium dieser Texte und der Kommentare inspiriert.

Heilige Schriften mit Bildern?

Die hebräische Schrift mit ihren 22 Konsonanten, ihren Vokalzeichen und den darüber und darunter angeordenten Singzeichen, ist für Schreiber wie für Drucker eine kreative Herausforderung. Jüdische heilige Schriften enthalten manchmal wunderbare, buchstäblich fabelhafte Beispiele von Mikrographie (Kleinschrift). Es sind Verzierungen, die am Text orientiert sind, aber dennoch die Möglichkeit bieten, geometrische Figuren oder sogar Abbildungen um den Text zu gestalten. Dabei drängt sich die Frage auf, ob diese Verzierungen nicht mit dem zweiten der Zehn Gebote unvereinbar seien. Da steht: „Du sollst dir kein Gottesbild anfertigen. Mach dir überhaupt kein Abbild von irgendetwas im Himmel, auf der Erde oder im Meer." (Ex 20,4; Dtn 5,8).1 Dies scheint auf dem ersten Blick, wenn man diese Bibelstellen buchstäblich interpretiert, jegliche Form von Abbildung und Kunst zu verbieten. Manche sehen in dem Verbot sogar eine Aversion der Juden gegen Abbildungen überhaupt. Sie behaupten, Juden würden mehr zum Wort als zum Bild neigen. Das ist aber doch zu verkürzt dargestellt. Das absolute Verbot auf Abbildungen bezieht sich nur auf die Anbetung von Göttern, was gleich im nächsten Satz erklärt wird: „Wirf dich nicht vor fremden Göttern nieder und diene ihnen nicht" (Ex 20,5). Das Gebot bezieht sich z. B. nicht auf die Herstellung von Kultgegenständen für den Gottesdienst.

Und, so erzählt es die Tora, kurz nachdem Gott die Zehn Gebote und andere Anweisungen und Gesetze gegeben hatte, beauftragte Gott Mose mit dem Bau der Stiftshütte. Die Details und die Einrichtung wurden dabei ganz genau beschrieben. Aber weil Mose nach einer jüdischen Auslegung die Anweisung nicht lesen konnte, gab ihm Gott ein Modell zur Ansicht (Ex 25,9). Und im weiteren Verlauf der Erzählung wurde für den weiteren Bau des Heiligtums mit den Cherubim, der siebenarmigen Menorah und aller weiteren Kultgegenstände dem Kunsthandwerker Bezalel und seinen Mitarbeitern überlassen (Ex 31,1-11 – „Bezal-el" bedeutet „im Schatten Gottes"). Erst als es unter den umliegenden Völkern keinen praktizierten Götzendienst mehr gab, konnten die Juden seit der Antike ihre Synagogen mit Mosaiken und Wandmalereien dekorieren, manchmal sogar mit heidnischen und mythologischen Motiven. Im Mittelalter illustrierten sie ihre Handschriften sowohl figurativ wie abstrakt. Das ist die Basis für die jüdischen Kunst, wie wir sie bis heute kennen.

Die Bibel
Das wichtigste heilige Buch ist für das Judentum der TaNaCh (Tanach) – ein Wort, das aus den drei Teilen der hebräischen Bibel zusammengesetzt ist:
- Tora, die fünf Bücher Mose, auch Pentateuch genannt: Genesis, Exodus, Levitikus, Numeri, Deuteronomium,
- Nevi'im: die Propheten: die großen Propheten Josua, Richter, Samuel, Könige, Jesaja, Jeremia und Ezechiel, sowie die zwölf kleinen Propheten,
- Chetuwiem: die Schriften: Psalmen, Hjob, Sprichwörter, die Bücher Ruth, Hohelied, Kohelet (Prediger), die Klagelieder, Esther, Daniel, Esra, Nehemia und die Chronik.
Der Tanach wurde erst etwas vor oder nach dem 1. Jahrhundert (der üblichen Zeitrechnung) mit seinem jetzigen Umfang kanonisiert. Juden reden vom Tanach, von „Mikra" (Hebräisch: „Lesung" i.e. gelesener oder rezitierter Text) oder von der Hebräischen Bibel. Der Name Bibel (vom griechischen: „biblia" = Bücher) ist allerdings christ-

lich. Der Tanach bildet dabei nicht nur die Basis des Judentums, sondern auch des Christentums. Dort sind die Bücher allerdings in einer anderen Reihenfolge geordnet und es wird vom „Alten Testament" gesprochen. Viele Geschichten des Tanachs – und ebenso des christlichen Neuen Testaments – findet man in konzentrierter Form im Koran, dem Heiligen Buch des Islams.

Der Tanach bildet eine bleibende Quelle der Inspiration für Menschen, die nach dem Ursprung, dem Sinn und dem Ziel des Lebens suchen. Hier sind in die Erzählungen über Schöpfung, Offenbarung und Erlösung zusammengefasst, die Kernbotschaft des Tanachs. Zusätzlich enthält der Tanach Weisungen bwz. Gebote (Hebräisch: „Mitzwot") für eine gerechte und soziale Gesellschaft.

Wie mit dem Tanach umgegangen wird

Die zentrale Stellung des Tanachs erkennt man am besten beim Besuch in der Synagoge, dem Ort für Gebet und Studium. Die Synagoge ist nach Jerusalem ausgerichtet, als Blickpunkt der Tora-Schrank, in dem die wertvollen Torarollen hinter einem Vorhang aufbewahrt werden. Zur Toralesung wird eine der Torarollen feierlich herausgetragen und, ausgerollt auf der Bima (einem erhöhten Pult oder Podium), in der Mitte der Gemeinschaft verlesen, sowie damals auf dem Berge Sinai.

Diese öffentliche Lesung der Tora auf Hebräisch bildet am Montag- und am Donnerstagmorgen und insbesondere am Schabbat-morgen sowie an Feiertagen den Höhepunkt der Liturgie. Unterteilt in 54 wöchentliche Abschnitte wird die ganze Tora im Laufe eines Jahres rezitiert. Auf der handgeschriebenen Pergamentrolle sind dabei nur die Konsonanten notiert, manche davon mit kleinen Kronen verziert. Hebräisch ist eine semitische Sprache und die hebräische Schrift, eine Konsonantenschrift mit 22 Buchstaben wird von links nach rechts geschrieben. Tora-Handschriften sind noch immer unvokalisiert. Im Laufe der Zeit wurde ein Vokalisationssystem und ein Rezitationssystem für den Tanach entwickelt, die Massora (Tradition).

Auch an Festtagen steht die Tora im Mittelpunkt. So wird zu Pessach die Erzählung zum Fest gelesen: Die Geschichte des Auszuges des Volkes Israel aus Ägypten. Es ist der Auftakt für den Empfang der Tora am Berg Sinai: Daran erinnert ein Fest, das sieben Wochen später an „Schawuot" (Hebräisch „Wochen"), also dem sogenannten „Wochenfest" gefeiert wird. An dem Morgen des Festtages werden die „Zehn Worte" bzw. die „Zehn Gebote" (Ex 19-20) vorgelesen, die symbolisch für die ganze Tora stehen. Auch das Buch Ruth aus der Bibel wird gelesen: In der Zeit der Sommerernte akzeptiert diese nicht-jüdische Frau das Judentum: „Dein Volk ist mein Volk, dein Gott ist mein Gott." (Ruth 1,16). Sie ist eine der Vorfahren Davids, aus dessen Geschlecht der Messias geboren wird. Diese Erzählung vermittelt, dass nicht Geburt oder Abstammung, aber Treue an und Studium der Tora wesentlich sind. Am Laubhüttenfest geht es dann um die Erzählung des Durchzuges durch die Wüste. Am Neujahr und am Großen Versöhnungstag stehen die Geschichte von Hagar und Ismael und die Lesung über den Tempeldienst im Mittelpunkt. Zu Purim (dem Losfest) wird das Buch Esther gelesen, oft aus einer reich verzierten Pergamentrolle.

Der Synagogendienst unterstreicht die Heiligkeit und das große Gewicht der Tora: Die Rolle wird feierlich von seinem Aufbewahrort (dem Tora-Schrank) zu einer Erhöhung in die Mitte der Synagoge gebracht, der sogenannten „Bima", dem Tisch, auf dem der zu rezitierende Abschnitt der Torarolle aufgerollt wird. Dort wird ein Abschnitt aus der Tora gelesen und danach bringt man die Rolle wieder feierlich zurück. Die Lesung der Tora wird immer mit der Lesung einiger Kapitel aus den Büchern der Propheten beschlossen. Durch unterschiedliche Übersetzungen, Kommentare, Predigten und Vorträge entsteht auf diese Weise nicht nur ein lebendiges Gespräch mit dem Bibeltext, sondern auch eine vielstimmige Interpretationsgemeinschaft bis heute.

Rabbinische Literatur
Nach der jüdischen Tradition ist die schriftliche Lehre ohne die mündliche nicht vollständig. Beide werden als göttliche Offenbarung betrachtet. Die Tora hat somit einen doppelten Charakter, so wie bei den Christen das Alte Testament nicht ohne das Neue verstanden werden kann. Nach der Verwüstung des zweiten Tempels und der Verbreitung der Juden über die ganze Welt wurde die mündliche Überlieferung verschriftlicht. Zuerst kompakt in der sechsteiligen Mischna (Hebräisch: „Wiederholung", 3. Jht.), später im ausführlicheren Talmud (Hebräisch: „Lehre", „Unterricht; im 7. Jht. abgeschlossen) - beide eine grundlegende Enzyklopädie des Judentums. Von den 63 Traktaten der Mischna werden 37 im maßgeblichen „Babylonischen Talmud" besprochen. Das Studium des Talmud bildet bis heute somit den wichtigsten Inhalt des jüdischen Studiums.

Weil der Talmud sehr umfangreich ist, entstanden später systematisch geordnete Codices. Die wichtigsten sind die vierzehnteilige „Mische Tora" (Hebräisch: „Wiederholung der Lehre") des Philosophen und Rechtsgelehrten Moses ben Maimon, auch Maimonides genannt (1138-1204). An zweiter Stelle steht der kompaktere vierteilige „Schulchan Aruch" (Hebräisch: „gedeckter Tisch") von Joseph Karo (1488-1557). Mit den Ergänzungen von Moses Isserles (1525-1572) bildet dieses Werk, soweit es nicht von modernen nationalen Gesetzen überholt wurde, bis heute die Basis für das praktische Leben als Jüdin und Jude. Dieser Bereich wird Halacha genannt und beinhaltet die grundlegenden Weisungen. Der Begriff ist vom hebräischen Verb „halach" („gehen") abgeleitet ist und bezieht sich auf den Lebensweg und die spezifisch jüdischen religiösen, gesellschaftlichen und ethischen Anweisungen (Hebräisch: „Mitzwot").

Halacha ist ein lebendiger Prozess und entwickelt sich bis auf den heutigen Tag. Im Judentum fehlt es an einer zentralen Weisungsinstanz wie es z. B. bei den Katholiken der Papst oder ein Konzil ist. Zwischen den Juden aus verschiedenen Kontinenten und – seit etwa zwei Jahrhunderten auch unterschieden durch die verschiedenen Strömungen des Judentums: den orthodoxen, konservativen und liberalen bzw. progressiven Richtungen – gibt es unterschiedlichen Auffassungen über die Weise der Interpretation. Überdies unterscheiden sich in der Hinsicht auch Juden aus der Diaspora und in Israel. Gerade die Frage, wie der Lebensweg zu gehen sei und wie die Halacha gelebt werden müsse, ist immer wieder Gegenstand vieler Debatten und Kontroversen.

Fragen aufwerfen
Beim Studium von jüdischen Texten ist es sehr wichtig, Fragen zu stellen. Sowohl die Mischna als auch der Talmud fangen damit an: Ab wann lesen wir das Schma? Diese Frage ruft viele andere Fragen hervor: Was ist das Schma überhaupt? Das Schma hat einen festen Platz in der jüdischen Liturgie, zusammen mit vielen anderen Bibelzitaten. Aber wie viele Absätze gibt es in diesem Textblock, drei oder doch vier? Wieso muss man diese lesen und ab wann? Sitzt man, steht man, liegt man dabei, oder darf man dabei auch laufen? Weiter wird gefragt: Wann solltest du genau aufstehen? Wenn es Licht wird oder wenn es hell ist und so weiter. Erst nach und nach wird klar: Das Schma ist der Anfang eines Bibelzitates: Höre („schma") Israel, der Ewige ist unser Gott, der Ewige ist Eins (vgl. Dtn. 6,4-9). Auf diese Weise entfaltet sich in Mischna und Talmud ein kontinuierliches Gespräch, das letztendlich zu dem geführt hat, was bei Juden heute zu Hause im Gebrauch ist, was sie in der Synagoge sagen und wie und wann sie das tun.

Auch beim Studium der Bibel selbst wird gefragt. Die Rabbiner diskutieren, was hier der allererste Satz bedeutet und was dort eigentlich geschrieben steht. Wenn man die unterschiedlichen Übersetzungen vergleicht, erkennt man, dass das wirklich gute Fragen sind. „Am Anfang schuf Gott Himmel und Erde..." – aber wie und womit? Oder noch grundsätzlicher wird gefragt: Warum beginnt die Bibel mit der Schöpfung und nicht zum Beispiel mit dem Ersten Gebot oder mit dem Auszug aus Ägypten?

Wie wichtig es ist, Fragen zu stellen, wird Kindern schon früh eingeprägt. Bei der Pessach-Feier am Sederabend wird der jüngste Anwesende aufgefordert, anzufangen mit der Frage: „Was ist der Unterschied zwischen diesem Abend und alle anderen Abenden?" Dass Rabbiner gute Pädagogen waren, zeigt sich daran, dass in der Haggada (vom Hebräischen Verbalnomen „nagad": „erzählen", „berichten") im Buch mit der Erzählung über den Auszug aus Ägypten und über Pessach vier Bereiche bzw. vier Erzählweisen unterschieden werden: von einfach bis kompliziert. Eine gute Frage zu stellen ist wichtiger als eine richtige Antwort zu geben. Es ist wie bei einem Suchspiel: Der Weg ist spannender als das Ziel. Dieser Weg heißt „Midrasch" (vom Hebräisch: „darash":„suchen", plural: „Midraschim"), die rabbinische Methode, mit der nach der Bedeutung von Bibelversen und -worten sowie bei religiösen Texten im Allgemeinen gesucht wird. Modern ausgedrückt ist Midrasch wie close reading: In der Literaturwissenschaft die Weise der sorgfältigen Interpretation einer Textpassage, d. h. ein präzises, allen Textdetails, Bedeutungsnuancen und sprachlichen Effekten nachspürendes Lesen, das den Text als Objekt in den Mittelpunkt des Interesses stellt. Dieses Suchen nach unterschiedlichen Wortbedeutungen, nach besonderen Zusammenhänge oder nach Lücken im Text, nach dem, was da nicht auf dem ersten Blick steht, was aber zwischen den Zeilen gelesen werden kann, eröffnet einen weiten Verstehenshorizont und kennzeichnet die Mühe, mit der sich rabbinische Auslegungstradition der Heiligen Schrift nähert.

Daneben verweist der Midrasch auf erzählende Texte, die einen ausführlichen durchgehenden Kommentar zu den verschiedenen Bibelbücher geben. Ebenfalls werden im Midrasch Erläuterungen zu den jüdischen Lebensregeln (zur „Halacha") gegeben. Schließlich wird mit Midrasch auch die Sammlung von Predigten von Rabbinern aus dem Mittelalter bezeichnet, die nach Schabbat und den Feiertagen geordnet sind. Midrasch ist somit eine ganz interessante Form jüdischer Exegese, ein Fundort für Wortbedeutungen, Erzählungen und Geschehnisse aus dem Judentum und zu jüdischen Bräuchen. Weil die Midraschim überraschende und unerwartete Einsichten in die jüdischen Tradition bieten, sind sie bis heute eine unerschöpfliche Quelle der Inspiration. Das Gespräch über die Bedeutung der schriftlichen und mündlichen Lehre endet nie und jede Generation fügt etwas Neues hinzu.

Gebetsbücher
Auch Gebetsbücher sind Heilige Texte, weil auch sie Namen Gottes beinhalten. Das Gebet selbst ist biblischen Ursprungs, aber Ritualgebete stammen aus der Zeit der Rabbinen, d. h. aus der Zeit der Mischna und des Talmuds. Beten kann man alleine oder zusammen mit anderen in der Synagoge. Nach der Tradition lebende Juden beten morgens, mittags und abends. Zweimal am Tag bildet die Lesung des Schmas das erste Hauptstück der Liturgie, eingeführt und abgeschlossen mit einem Gotteslob zu den Themen Schöpfung, Offenbarung und Erlösung. Das Hauptgebet („Amidá") bildet das zweite Hauptstück. Es wird dreimal täglich und an Schabbat und an Feiertagen sogar viermal täglich im Stehen rezitiert. Einleitende und abschließende Gebete, persönliche oder universelle sind dort zugeordnet.
Studium und Gebet sind unabtrennbar miteinander verbunden. Auch die Toralesung, das dritte Hauptstück aus der Liturgie, ist in Gebete eingebettet. Das Gebet ist Teil eines größeren Ganzen von Regeln, die alle Aspekte des jüdischen Lebens umfassen. Das ganze Leben, ob nun zu Hause oder in der Synagoge, ist eine Art von Dienst. Dieser „Dienst des Herzens" ersetzt den Opferdienst, wie er damals im Tempel ausgeübt wurde.
Der „Siddur" (Hebräisch: „Ordnung", vgl. Seder) ist das Gebetsbuch für normale Wochentage und für den Schabbat. Der Machsor ist das Gebetsbuch für das Neujahrsfest („Rosch Haschana"), für den Großen Versöhnungstag (Yom Kippur") und für alle anderen jüdischen Feiertage. Das Wort „Machsor" (Hebräisch: „zurückkehren") verweist auf den zyklischen Charakter der Feiertage. Im Machsor sind außer den üblichen Texten alle speziellen Gebete und Gedichte für die Feiertage aufgenommen. Im Mittelalter wurden diese Gebetsbücher manchmal illustriert: z. B. die Anfangbuchstaben oder das Anfangswort.

Haggada
Kein Buch außer die Bibel und den Gebetsbüchern ist beliebter als die Haggada. Es ist das Drehbuch des Sederabends, gelesen am ersten und zweiten Abend des Pessachs, des jüdischen Osterfestes. Die Haggada („Erzählung") geht am Auszug aus Ägypten, wie sie im Buch Exodus (2. Mose) beschrieben ist, entlang. Die Beliebtheit zeigt sich an den Illustrationen, mit der sie seit dem Mittelalter verschönert wird. In jeder Generation bekommt die Haggada eine neue Prägung, sei es durch einen (Wein)fleck, sei es durch einen erklärenden Text oder eine Illustration.
Seit der Emanzipation und der gewährten bürgerlichen Gleichheit der Juden ab dem 19. Jahrhundert spielen The-

men wie die Stellung der Frau, die genderspezifische Sprache, die Gründung des Staates Israels, die Schoah und alle anderen wichtigen ethischen Fragestellungen eine Rolle in sämtlichen modernen Kommentaren zu biblischen, rabbinischen und liturgischen Texten. Hier zeigt sich am deutlichsten die Vielfalt an innerjüdischer Interpretationen und Auffassungen im modernen Judentum.

Kabbala
Neben Bibel, rabbischer Literatur und den Gebetsbüchern bildet die Kabbala das vierte Fundament des Judentums. „Kabbala" bedeutet überlieferte Tradition" und sie verweist auf die jüdische Mystik wie sie sich in Süd-Frankreich und Spanien am Ende des 12. Jahrhunderts entwickelt hat. Die Kabbala greift auf die biblische und frühjüdische Mystik zurück und hat die mystische Gestalt Gottes und den Versuch, Gott für Menschen erfahrbar zu machen, zum wichtigsten Inhalt.
Das wichtigste und einflußreichste Buch der Kabbala ist der „Sohar" (Hebräisch: „Glanz"). Es wird einem Rabbiner aus dem 2. Jahrhundert zugeschrieben, stammt aber in Wirklichkeit von Moses der Leon, einem spanischen Gelehrten, der 1305 gestorben ist. Die Kabbala untersucht die „zehn Sefirot", die „zehn unterschiedlichen Emanationen Gottes". Alles in der Welt kann auf diese zehn Aspekte, durch die sich der ewige Gott manifestiert, zurückgeführt werden. „Wenn Gott abstrakt und zeitlos ist, wie kann er dann eine Beziehung zu seiner Schöpfung aufbauen?" Diese Frage wird von der jüdischen Mystik beantwortet. Nach Isaac Luria (1534-1572) sind sowohl die Welt als auch die Menschheit nicht das Ergebnis eines positiven Schöpfungswerkes, so wie es in Genesis beschrieben wird, sondern vielmehr einer freien Entscheidung Gottes, sich zurückzuziehen. Dieses „Zurückziehen" (Hebräisch: „Zimzum", wörtlich: „Konzentration") des ewigen Gottes aus seiner Ganzheit ermöglicht es erst, für die Schöpfung Platz zu schaffen. Daraus resultiert gleichzeitig der positive Auftrag an den Menschen, durch kreatives Handeln die Schöpfung zu vollenden und die ursprüngliche Ganzheit Gottes wiederherzustellen (Hebräisch: „Tikun": „Wiederherstellen"). Dieser Gedanken des „Tikun olam", der „Wiederherstellung der Welt", ist insbesondere durch den Chassidismus, einer mystische Strömung aus dem 18. Jahrhundert, mittels moderner Übersetzungen und Interpretationen populär geworden.

Magische Texte
Juden schreiben wie auch Christen und Muslime Heiligen Texten von Bibel und Kabbala eine besondere Wirkung zu. Ein gutes Beispiel dafür sind die „Tefilin", die „Gebetsriemen" aus Leder, die von Juden an der Stirn und am linken Arm getragen werden. Sie werden während des Morgengebetes an Wochentagen getragen und beinhalten vier Abschnitte aus der Bibel in der angeordnet wird, „diese Worte" als „Zeichen" auf die Hand und als „Erinnerung" zwischen den Augen zu tragen (Ex 13,1-10; 13,11-16. Dtn 6,4-9; 11,13-21). Ein anderes Beispiel für die besondere Wirkung biblischer Texte ist die Mesusa, ein kleines Röhrchen am rechten Türpfosten beim Eingang eines jüdischen Hauses. Sie beinhaltet ein Stück Pergament mit zwei Bibelabschnitten (Dtn 6,4-9; 11,13-21), auf dem der Auftrag steht, Gott zu lieben, die Tora zu lehren und Kindern weiterzugeben und diese Worte

„am Türpfosten eures Hauses und die Tore eurer Städte" zu schreiben.

Ebenso wehrt nach dem Volksglauben ein Amulet das Böse ab, beschützt gegen das „böse Auge", gegen Krankheit und Gefahr. Jüdische Amulette beinhalten biblische und rabbinische Texte sowie Namen von Engeln und irdischen Helfern. Der aus der Vielfalt der Gottesnamen aufgeschriebene Name gilt dabei als besonders wirkungsvoll und wird daher in unzähligen Varianten für Amulette künstlerisch dargeboten. Viele der Namen Gottes sind biblisch, aber durch die Namen im Talmud und in der Kabbala sind sie fast endlos.

Der eigentliche Gotttesname wird in der Bibel mit nur vier Buchstaben (J-H-W-H) geschrieben, aber die Rabbiner kennen andere Schreibweisen mit bis zu 72 Buchstaben. Zudem hat jeder Buchstabe des hebräischen Alphabetes auch eine Zahlenbedeutung: Jeder Buchstabe steht für eine Zahl. Daraus ergeben sich noch weitere Interpretationen. Kurz gefasst: Man muss ein „Ba'al Schem Tov" (ein „Meister des Guten Namens" oder ein Gelehrter mit „einem guten Ruf" sein), um dem Geheimnis Gottes ein wenig näher zu kommen. Der bekannteste Ba'al Schem Tov lebte von 1698 bis 1760 und galt als ein Meister, der es verstand, den Namen Gottes wirkungsvoll anzuwenden. Ergänzt von magischen Dreiecken, Quadraten, fünf- oder sechszackigen Sternen wird die Wirkung des Amulets verstärkt. Zudem bekräftigt der Ort am Körper oder im Haus die Wirkung. Die spannende Frage lautet dabei: Wo liegt hier die Grenze zwischen Religion und Magie, zwischen Glaube und Aberglaube?

... und schließlich

Diese kurze und unvermeidlich unvollständige Einführung kann nicht mehr leisten als neugierig zu machen auf die jüdischen Handschriften, die gedruckten Bücher und illuminierten Blätter. Sie sind Zeugnisse der Dreitausend Jahre alten religiösen, literarischen und künstlerischen Kreativität des jüdischen Volkes und dies in einem überwältigenden Ausmaß. Es tröstet uns, dass wir als Interessierten heute wie Zwerge sind, die auf den Schultern von den Riesen der Vergangenheit stehen. Auch wenn wir uns als klein empfinden, wir können auf diese Weise weit schauen, und den Überblick über alle Errungenschaften und kreativen Kräfte bisher genießen. Vielleicht ist es hilfreich zu wissen, dass Rabbi Akiba (50-135), der als einer der größten und vielseitigsten jüdischen Gelehrten betrachtet wird, erst als Vierzigjähriger mit seinem Studium angefangen hat.

Aber wo fängt man überhaupt an? Die Antwort befindet sich in einer kurzen Geschichte, die erzählt, wie ein Nichtjude Rabbi Hillel (im 1. Jht.) bittet, ihm die ganze Tora zu vermitteln. Wenn Rabbi Hillel dies in der Zeitspanne schaffen würde, in der er auf einem Bein stehen könnte, dann würde er als Nicht-Jude zum Judentum übertreten. Hillel antwortete darauf nur: „Was du nicht willst was dir geschieht, das füge auch deinem Nächsten nicht zu. Das ist die ganze Tora! Alles andere ist Erläuterung. Gehe und studiere sie." Dabei bezieht Hillel sich auf das jüdische Bibelbuch Leviticus 19,18: „Liebe deinen Mitmenschen wie dich selbst." Und er zieht als Schlussfolgerung die Empfehlung: Studiere!

Anmerkungen

1. Die Übersetzungen sind, mit Ausnahme des Gottesnamens, der Guten Nachricht Bibel, Stuttgart 2000, entnommen.
2. Hillels Zitat stammt aus der Babylonischen Talmud, Traktat Schabbat, 31a. Hillel, hält Lev 19,18 für genauso wichtig wie Jesus, der auf der Frage eines Schriftgelehrten nach dem wichtigsten aller Gebote antwortet: „Das erste Gebot ist das: „Höre, Israel, der Ewige ist unser Gott, der Ewige und sonst keiner. Darum liebt ihn ganzem Herzen, mit ganzem Willen und mit aller Kraft" (Dtn 6,4-5). Das zweite ist: „Liebe deinen Mitmenschen wie dich selbst. Es gibt kein Gebot, das wichtiger ist als diese beiden" (Mk 12,28-31).

(Dieser Aufsatz wurde aus dem Niederländischen übersetzt von Dr. Harmjan Dam, Frankfurt am Main).

Das jüdische Morgengebet
Zu Beginn des Morgengebets wird die dichterische Form der
Dreizehn Glaubensartikel von Moshe ben Maimun (Maimonides) gesagt:

Erhaben ist der Lebendige Gott und gepriesen,
Er ist, und keine Zeit ist da für Sein Dasein.
Er ist einzig, und nichts ist einzig gleich Seiner Einzigkeit.
Er ist verborgen, und unendlich ist Seine Einheit.
Er hat nicht die Gestalt eines Körpers und ist unkörperlich,
nicht vermögen wir Seine Heiligkeit zu schätzen.
Er war vor jedem Ding, das erschaffen worden;
Er war der Erste, und Seine Ewigkeit begrenzt kein Anbeginn.
Ja, Er ist der Herr der Welt für jedes Geschöpf, das zeugt von
Seiner Größe und Seinem Reich.
Überfluss an Kündung verlieh Er den Männer Seiner
Erwählung und Verherrlichung.
Nicht stand auf in Israel gleich Moshe ein Prophet, der Seine
Herrlichkeit schaute.
Tora der Wahrheit gab Gott Seinem Volke, durch Seinen
Propheten, den Bewährten Seines Hauses.
Nicht wird auswechseln noch umändern Gott Sein Gesetz
in Ewigkeit in ein anderes.
Er sieht und kennt unsere Geheimnisse, schaut schon am
Anbeginn das Ende einer Sache.
Er vergilt dem Menschen Gnade nach dessen Werk und
erteilt die Strafe dem Bösen nach dessen Bösartigkeit.
Er sendet am Ende der Tage unseren Messias,
zu erlösen, die auf das Ziel seiner Erlösung harren.
Die Toten wird Gott beleben in der Fülle Seiner Gnade;
Gelobt sei für und für der Name Seines Ruhmes.

Morgengebet von Maimonides (1135 - 1204)
Ein bedeutender jüdischer Arzt, Gelehrter und Philosoph aus Córdoba/Spanien

(Übersetzung der Kalligraphie auf der Seite 32)

Psalm 27 – eine jüdische Perspektive

Predigt zur Eröffnung der Landessynode der EKBO im Frühjahr 2018
Gesa Ederberg

Guten Morgen, liebe Mitglieder der Synode,
es ist mir eine Ehre und eine Freude, heute vor Ihnen zu stehen und mit Ihnen Gedanken zu Psalm 27 zu teilen. Das Buch der Psalmen ist für mich eines der geheimnisvollsten Bücher der Heiligen Schrift – oder, wenn ich die hebräische Bezeichnung wörtlich übersetze, der „Lesungen des Heiligen", Mikraei Kodesch.

Wieder und wieder lesen wir in der Tora: „Wajedaber Adonai el Mosche lemor" „Und Gott redete mit zu Mosche folgendermaßen", und bei den Propheten heißt es wieder und wieder: „Dies ist das Wort Gottes zu den Kindern Israels" – und wir verstehen daraus: Heilige Schrift, das ist das, was Gott zu den Menschen sagt, unmittelbar oder vermittelt durch die Propheten.

Wir fragen uns, was Texte heute für uns bedeuten, die in einer anderen Zeit und einem anderen Kontext gesprochen sind, aber grundsätzlich verstehen wir: Gott spricht durch diese Texte zu den Menschen.

Und dann die Psalmen: Hier ist Heilige Schrift das, was Menschen, manchmal als Gruppe, als Gemeinschaft, aber oft auch als einzelne Personen, zu Gott sagen. Die Richtung ist, wenn man so sagen darf, umgekehrt: Einmal spricht Gott zu den Menschen, und hier, in den Psalmen, spricht, ja ruft oder schreit sogar, der Mensch, der oder die Einzelne zu Gott.

Und das ist ebenfalls – Heilige Schrift. Mein Reden, mein Rufen zu Gott ist heilig. Ich lese aus dem 27. Psalm: Von Dawid. Mein Licht und meine Freiheit ist der Ewige, vor wem mich fürchten? Der Schutzwall meines Lebens ist der EWIGE, vor wem erschrecken? Eines habe vom Ewigen ich erwünscht, das ist es, was ich suche: Zu sitzen in Gottes Haus all meine Lebenstage, Gottes Freundlichkeit schauen zu dürfen, seine Halle zu besuchen. Denn er verwahrt mich in seiner Schirmung am Tag des Bösgeschicks, er versteckt mich im Versteck seines Zeltes, auf den Fels hebt er mich. Höre, DU, meine Stimme, ich rufe, leihe Gunst mir, antworte mir! Dir spricht mein Herz nach: „Suchet mein Antlitz!" – dein Antlitz suche ich, DU! Oh, vertraute ich nicht, des Ewigen Güte zu sehen im Lande des Lebens! Hoffe zum Ewigen! Sei stark, dein Herz straffe sich, und hoffe zum Ewigen!

Viele Psalmen haben einen festen Ort im jüdischen Gebet. Da gibt es die Reihe von 6 Psalmen, für jeden Werktag einen, mit denen am Freitagabend die Königin Schabbat begrüßt wird. Da gibt es die Psalmen des Hallel, 113-118, mit denen die Feiertage markiert werden. Es gibt einen Psalm für jeden Wochentag, und Psalmen für bestimmte Zeiten des jüdischen Jahres. Und: zu vielen Psalmen oder Psalmversen gibt es viele Melodien, aus unterschiedlichen Kulturen und Zeiten, und zwei davon haben wir ja schon von Kantorin Weinberg gesungen gehört. Melodien, die mit dem Text zusammen eine bestimmte Haltung ausdrücken, die im wiederholten Singen den alten Text zu meinem eigenen machen.

Heute ist Freitag, der 13. – und unabhängig davon, ob wir das wichtig finden oder nicht, wir brauchen dieses Datum nur zu hören und bestimmte Bilder und Vorstellungen steigen in uns auf. Heute ist die Eröffnung Ihrer Synode, heute ist in der jüdischen Zählung der sechste Tag der Woche, der Tag vor Schabbat.

Im jüdischen Jahr befinden wir uns in einer ganz besonderen Zeit – der Zeit zwischen Pessach und Schawuot, auf dem Weg aus der Sklaverei in Ägypten zur Gabe der Tora am Berg Sinai. In diesem Jahr befinden sich ja christlicher und jüdischer Kalender sehr im Einklang, Pessach und Ostern, sowie Schawuot und Pfingsten fallen genau aufeinander, wie es ja auch ursprünglich war.

Pessach ist zwar – so würden das die meisten Jüdinnen und Juden sagen – das wichtigste Fest des Jahres, das Fest, das auch die am wenigsten Religiösen mit ihren Familien feiern. Aber die Zeit nach Pessach ist eine Vorbereitung auf Schawuot, eine ernste Zeit, die eher der christlichen Fastenzeit vor Ostern zu vergleichen ist: Es werden keine Hochzeiten gefeiert.

Wir haben gerade die Befreiung erlebt – doch jetzt geht es nicht mehr um die Frage „Befreiung wovon" sondern „Befreiung wozu": Für den Empfang der Tora, für die Gestaltung des Lebens als jüdischer Gemeinschaft. Doch weil die Weltgeschichte sich nicht an das religiöse Jahr hält, liegen mitten in dieser Zeit, in den sieben Wochen der Wüstenwanderung – wie eingraviert – moderne Gedenk- und Freudentage, gestern, am 27. Nissan, war Jom Haschoa, die Erinnerung an den Aufstand im Warschauer Ghetto vor 75 Jahren. Und am Donnerstag nächste Woche feiern wir Jom Haatzmaut, den 70. Jahrestag der Unabhängigkeit Israels. Sieben Tage vom Gedenken an das Grauen der Schoa zur jahrtausendelang herbeigesehnten Wiedergründung eines jüdischen Staates – mit all seinen Hoffnungen, Bedrohungen und realpolitischen Wirklichkeiten.

Psalm 27 ist kein Trauerpsalm, und auch kein Hallel-Psalm, sein liturgischer Ort ist die Zeit der Hohen Feiertagen im Herbst, sieben Wochen lang wird er morgens und abends beim täglichen Gebet gesagt. Es ist eine Zeit von Cheschbon Nefesch, dem Rechenschaftgeben der eigenen Seele vor Gott, ein Rückblick auf das vergangene Jahr und ein Kraft-Sammeln für das bevorstehende Jahr. Sieben Wochen, deren Krönung Jom Kippur, der Versöhnungstag, und Sukkot, das Laubhüttenfest, sind.

Im Nachhinein hat für mich dieser Psalm seine ganz besondere Kraft im September 2001 gewonnen. Als die Nachricht von den grauenhaften Anschlägen auf das World Trade Center kam, und wir alle fassungslos vor den immer wiederholten Fernsehbildern saßen, wurde dieser Psalm, den wir ja genau in dieser Zeit täglich zweimal sagten, für mich zu einem Hoffnungsmotiv – ganz konkret entstand in mir das Bild, dass von denen, die da in den beiden Türmen gefangen waren und wahrscheinlich irgendwann merkten, dass es keinen Ausweg mehr gab, dass für einige von denen dieser Psalm, den sie am Morgen noch gesagt hatten, tatsächlich zu einer Zuflucht, zu einer Hoffnung in der Aussichtslosigkeit geworden sein mag.

Mitten in der Katastrophe das eigene Sein in Gott verankern zu können: „Wenn sich gegen mich ein Krieg erhebt, bin ich in Gott gesichert" heißt es im Vers 3 des Psalms.

Wenn Texte diese Kraft haben, in einer Situation der Ausweglosigkeit, der Hoffnungslosigkeit, in der das Verzweifeln und Verstummen die einzig logische Antwort zu sein scheint, dann uns Sprache zu geben, Worte der Hoffnung aussprechbar zu machen – dann sind sie wirklich Heilige Schrift, nicht nur weil Gott zu uns spricht, sondern weil sie es uns ermöglichen, zu Gott zu sprechen.

Mein Licht und meine Freiheit ist der Ewige, vor wem mich fürchten? Der Schutzwall meines Lebens ist der EWIGE, vor wem erschrecken? Wir sagen, die Welt sei bedrohlicher geworden und unüberschaubar und die Konflikte aus fernen Ländern finden auch auf unseren Straßen, auf unseren Schulhöfen statt.

Angst geht um, Angst wird instrumentalisiert. Angst, weil der Terror plötzlich so nah ist – Angst, weil unsere Selbstverständlichkeiten und Selbst-Vergewisserungen nicht mehr funktionieren. Aber wenn wir genau hinhören, was der Beter der Psalmen sagt, dann merken wir, dass diese Angst, dass diese Situation gar nichts Neues ist. Der Psalm spricht von Verleumdung, von Lügen, von Krieg, Belagerung und Tagen des Bösen, von Bösgesinnten und Bedrängern.

Und es fällt uns nicht schwer, hier Bilder aus den Nachrichten oder auch Begegnungen aus dem Alltag einzusetzen. Ich denke an die Menschen in Syrien, die mit Giftgas angegriffen wurden. Ich denke an Geflüchtete in Deutschland, die verzweifelt nach dem Schicksal ihrer Familien fragen. Ich denke an jüdische Schulkinder hier in Berlin, die ihre Religion und Identität verheimlichen – aus Angst. Ich denke an muslimische Jugendliche, die aufgrund ihres Nachnamens oder ihres Kopftuches keinen Ausbildungsplatz finden. Ich denke an Alte und Einsame, die sich in ihrem Stadtviertel nicht mehr zurechtfinden, weil es sich zu schnell verändert hat. Woher die reale Bedrohung kommt, woher das Bedrohungsgefühl und die Angst oft auch ohne reale Bezüge, soll nicht das Thema meiner Predigt sein. Ich möchte vielmehr nach dem Umgang damit fragen.

Mein Licht und meine Freiheit ist der Ewige, vor wem mich fürchten? Der Schutzwall meines Lebens ist der EWIGE, vor wem erschrecken? Was für ein Satz!

Und täuschen wir uns nicht – weder die erste Person, die ihn gesagt hat, noch die Generationen nach ihr dachten, das bedeute, dass Gott auf jeden Fall vor körperlicher Gefahr schütze. Sie alle haben Grausamkeit, Unglück und Tod erlebt. Das Festhalten an der Hoffnung dieses Satzes ist die Quelle der Kraft, die uns das Tun ermöglicht – uns ermöglicht, dass „unsere Füße beten, wenn wir gehen", wie Awraham Jehoschua Heschel sagt, der jüdische Freund und Verbündetet von Martin Luther King, der in diesem Monat vor 50 Jahren ermordet wurde.

„Unsere Füße beten, wenn wir gehen" – große und kleine Schritte gegen die Angst: Wenn wir uns als Jüdinnen, Christinnen und Muslimas zusammentun, um im Dreireligionen-Kita-Haus unsere Kinder in der Hoffnung auf eine bessere Welt aufwachsen zu lassen, wenn im House of One Gesprächsräume der Religionen geschaffen werden, wenn Sie als Kirche, wir als Religionsgemeinschaften und wir als Gesellschaft gegen die Angst und für die Hoffnung arbeiten. „Weise mir, Ewiger, Deinen Weg, leite mich auf dem Pfad der Geradheit." So heißt es am Ende von Psalm 27. So wünsche ich Euch und Ihnen gutes Gelingen für Ihre Synode.

Es werde Licht
„Und Gott sprach: Es werde Licht. Und es wurde Licht"
Genesis – Die Erschaffung der Welt

Öl und Tine auf Birkenholz; 112cm x 92cm; Aachen 2013

Wende sie und wende sie, denn alles ist in ihr

Zur Bedeutung von Bibel und Tradition im Judentum
Sophia Kähler

Als ich in Israel mit einem Rabbiner die Bibel studierte, führten wir mehrmals den gleichen Dialog. Wenn eine Unklarheit im biblischen Text auftauchte, sagte er: „Lass uns mal schauen, was Raschi dazu sagt." Ich antwortete stets: „Woher will Raschi wissen, was die biblischen Autoren sagen wollten?" Er quittierte diese Frage in der Regel mit einem verständnislosen Blick und blätterte weiter in seiner Raschi-Ausgabe.

Dieses wiederholte Missverständnis illustriert die unterschiedliche Lesart der Heiligen Schrift in Judentum und Christentum, vor allem im Protestantismus. Mit meiner profunden Ausbildung in historisch-kritischer Exegese war ich gewohnt, stets nach dem historischen Kontext einer Bibelstelle und damit nach ihrer „ursprünglichen" Aussage, nach der Absicht ihrer Autor*innen zu fragen. Sosehr dieser Ansatz heutzutage in der jüdischen wissenschaftlichen Bibelexegese ebenfalls vertreten wird, ist die traditionelle Lesart im Judentum doch eine andere. Hier wird nicht nach der Bedeutung des Texts „an sich" gefragt, sondern die Bibel wird bewusst in der jüdischen Tradition, also in der rabbinischen Auslegung der Spätantike und des Mittelalters, gelesen. Ein Biblizismus, der vorgibt, den einzig gültigen „Wortsinn" der Bibel identifizieren zu können, ist der traditionellen jüdischen Lesart daher ebenso fremd wie die historisch-kritische Suche nach der Aussageabsicht der biblischen Autor*innen. Die entscheidende Frage, welche das jüdische Textstudium seit Jahrhunderten prägt, ist nicht „Was will der Text ursprünglich sagen?" sondern „Wie wurde der Vers in der jahrhundertelangen rabbinischen Diskussion verstanden?"

Die 70 Gesichter der Tora
Dabei ist das Ziel nicht, einen Bibeltext auf eine „Kernaussage" zu reduzieren. Vielmehr wird die Vielfalt biblischer Texte hervorgehoben. Der Midrasch „Bemidbar Rabba", eine frühmittelalterliche Auslegung zum Buch Numeri, spricht von den „70 Gesichtern der Tora" (NumR 13,16). Mit der symbolischen Zahl der 70 wird impliziert, dass es immer noch mehr Bedeutungen eines Bibelverses zu entdecken gibt, als man im Moment sehen kann. Daher ist das Textstudium nie abgeschlossen. In der Mischna, einer der grundlegenden religiösen Schriften des Judentums aus dem 3. Jahrhundert, sagt Ben Bag Bag über die Tora: „Wende sie und wende sie, denn alles ist in ihr enthalten" (mAv 5,22). Die Bibel bleibt also dadurch lebendig, dass sie durch die Zeiten hinweg immer wieder gelesen, diskutiert und auf neue Fragen angewandt wird. Die Bibel wird immer in Gruppen von mindestens zwei Personen studiert, und zwar mit Hilfe von Midraschim und Kommentaren. Auf diese Weise werden möglichst viele Stimmen zusam-

mengetragen, die verschiedene, wenn auch nie alle 70, Gesichter der Tora beleuchten.

Stein(e) unter Jakobs Kopf

Als Beispiel für die rabbinische Auslegung der Bibel sei Jakobs Traum von der Himmelsleiter genannt. Am Beginn der biblischen Erzählung heißt es: „Und er kam an den Ort und übernachtete dort, denn die Sonne ging unter. Und er nahm von den Steinen des Ortes und legte sie an sein Kopfende" (Gen 28,11). Am Ende der Geschichte jedoch steht: „Und früh am Morgen nahm Jakob den Stein, welchen er an sein Kopfende gelegt hatte, und stellte ihn als Stele auf und goss Öl von oben darüber. Und er nannte jenen Ort ‚Haus Gottes'; zuvor jedoch war der Name der Stadt ‚Lus' gewesen" (Gen 28,18f).

Einer auf Textharmonie bedachten Leserin fällt bei der Zusammenstellung dieser Verse nichts Ungewöhnliches auf: Der Weg zu Jakobs Onkel Laban umfasst mehrere Tagesreisen, sodass der Erzvater einige Male auf dem Weg übernachten muss. Eines Abends versucht er, sich ein möglichst bequemes Lager zu errichten, wobei er als Kopfkissen nichts geeigneteres als ein paar Steine findet. Erst nach seiner Gottesbegegnung im Traum wird die improvisierte Übernachtungsstätte für ihn zu einem besonderen Ort. Jakob möchte diesen kennzeichnen – und wählt wiederum den Stein, den er zuvor unbedacht als Kopfunterlage genommen hatte, und errichtet aus ihm eine Kultstätte. Die Rabbinen jedoch sind nicht auf Textharmonie bedacht. Im Gegenteil, sie suchen möglichst viele Ungereimtheiten in den biblischen Worten, um diese zu diskutieren und so weitere der 70 Gesichter der Tora zu entdecken. Es fällt ihnen auf, dass die Anzahl der Steine, die Jakob an sein Kopfende legt, am Anfang des Textes nicht spezifiziert wird. Dort steht nur: „Er nahm von den Steinen", es könnte also ein Stein gemeint sein oder auch mehrere. Erst für die Szene am Morgen heißt es deutlich „Jakob nahm den Stein", also einen einzelnen. Wer auf Textharmonie aus ist, wird daraus schließen, dass Jakob von Anfang an nur einen Stein benutzte. Die Rabbinen jedoch nehmen stets an, dass jedes Wort der Bibel mit Bedacht gewählt ist. Wenn erst am Ende von einem Stein die Rede ist, wurde die Anzahl der Steine am Anfang wohl bewusst noch nicht festgelegt. Diese Lücke füllt der Midrasch, indem er mehrere Möglichkeiten aufzeigt, wie viele Steine es gewesen sein mögen.

Nach R. Jehuda nahm er 12 Steine, denn Gott hatte beschlossen, er sollte 12 Stämme stellen. Jacob sprach nämlich: Weder Abraham noch Jizchak haben sie gestellt, wenn sich nun diese 12 Steine vereinigen, so werde ich erkennen, dass ich 12 Stämme erzeugen werde. Als sich nun die Steine zusammenfügten, erkannt er, dass er die 12 Stämme stellen werde. Nach R. Nechemja jedoch nahm er nur drei Steine. Er sprach nämlich: Abraham hat den Namen Gottes als den einzigen erkannt, ebenso auch Jizchak, wenn ich nun diese drei Steine aneinanderfüge, so werde ich erkennen, dass Gott seinen Namen auch mit dem meinigen vereint. Als sich nun die drei Steine nach Wunsch aneinanderfügten, erkannte er, dass Gott seinen Namen mit dem seinigen vereinigen werde. Die Rabbinen endlich sagen: Es müssen wenigstens zwei Steine gewesen sein. Von Abraham ging Unwürdiges hervor, nämlich Ismael und die Kinder der Ketura, Jizchak widerfuhr

Ähnliches, es gingen von ihm Esau und seine Stammfürsten hervor; wenn ich nun diese beiden Steine miteinander in Verbindung bringe, so werde ich erkennen, dass von mir nichts Unwürdiges hervorgehen wird. Nach R. Jose bar Simra legte er die Steine wie eine Rinne um sein Haupt, weil er sich vor den wilden Thieren fürchtete. R. Berachja und R. Levi sagten im Namen des R. Chama bar Chanina bezugnehmend auf Micha 1,3: ‚Der Ewige geht hervor aus seinem Wohnsitz, kommt herab und schreitet über der Erde Höhen'; wem nun Gott erst sich offenbart, um wieviel mehr wird er sich des göttlichen Schutzes erfreuen!

GenR 68,11

Der Midrasch löst das Problem zwischen Plural und Singular also dadurch, dass Jakob mehrere Steine unter und um seinen Kopf legt, die sich als Gotteszeichen während seines Traumes zu einem Stein verbinden. Die Menge der ursprünglichen Steine, die als bloße Zahlenspielerei daherkommt, bekommt theologisches Gewicht: 12 stehen für die 12 Stämme, die aus Jakob hervorgehen werden. Drei symbolisieren die Trias „Gott Abrahams, Isaaks und Jakobs", die für die Treue Gottes steht und nachfolgend in der Bibel viele Male zitiert wird. Zwei Steine schließlich prophezeien, dass sich Jakobs Kinder anders als die seiner Eltern und Großeltern nicht mehr entzweien, sondern ein gemeinsames Volk bilden werden.

Rabbi Jose bar Simra stellt daraufhin die nächste Frage, nämlich nicht mehr, wie viele Steine Jakob bereitlegte, sondern zu welchem Zweck. Die Antwort: als Schutz vor wilden Tieren. Von theologischen Abhandlungen also kehrt der Midrasch zurück zu ganz praktischen Überlegungen. Doch sogleich wird es wieder theologisch: Gott selbst schützt diejenigen, denen er sich offenbart, sodass sie keines irdischen Schutzes mehr bedürfen.

Der Stein, der im Bibeltext eine wenig beachtete Nebensache darstellt, wird so mit theologischen Bedeutungen aufgeladen: Er wird zur Prophetie über das entstehende Gottesvolk Israel und zum Zeichen für Gottes Zuwendung zu diesem Volk. Die Rabbinen lassen die Frage offen, wie viele Steine sich Jakob Steine unter den Kopf legt und zu welchem Zweck. Es geht nicht darum, eine historisch zuverlässige Aussage über die Vorgänge jener Nacht zu treffen, sondern möglichst viele Bedeutungen eines Bibeltexts zu erforschen und auf theologisches Gewicht zu befragen – auch in scheinbar so nebensächlichen Details wie der singularischen und pluralischen Nennung eines Steins.

Weitere wichtige Quellen zum Textstudium sind neben den Midraschim die hochmittelalterlichen Bibelkommentare, vor allem von Raschi (Kurzform für „Rabbi Schlomo ben Jitzchak", ein französischer Rabbiner aus dem 11. Jahrhundert). Zu den Steinen schreibt Raschi:

Er ordnete sie an wie eine Rinne um seinen Kopf herum, denn er fürchtete sich vor bösen Tieren. Und sie begannen, miteinander zu streiten, und jeder sagte: „Auf mir soll der Kopf des Gerechten liegen!" So verband der Heilige, gelobt sei er, sie zu einem Stein, wie geschrieben steht: „Er nahm den Stein, welchen er an sein Kopfende gelegt hatte."

Das genannte Beispiel zeigt mehrere Charakteristika in Raschis Bibelauslegung: Erstens löst er Probleme des biblischen Texts in recht kurzen Erklärungen auf, ganz im Gegensatz zum Midrasch, der deutlich ausschweifender Geschichten erzählt. Zweitens bedient sich Raschi bei seiner Auslegung selbst rabbinischer Literatur. Die Vorstellung, Jakob lege Steine als Schutz vor wilden Tieren um seinen Kopf herum, hat er offensichtlich aus dem Midrasch. Die zweite Erzählung vom Streit der Steine, der von Gott salomonisch gelöst wird, findet sich im Talmud im Traktat Chullin (91b). Raschi bedient sich also verschiedener rabbinischer Quellen, um offene Fragen des Bibeltexts mit einer kurzen und prägnanten Erklärung zu beantworten.

Indem die Midraschim den Bibeltext auslegen, die mittelalterliche Bibelexegese wiederum Midraschim und andere rabbinische Quellen verbindet und schließlich heutige Leser*innen im Dialog miteinander Bibel, Midraschim und Kommentare ins Gespräch bringen, entsteht ein Stimmengewirr, das für das ungeübte Ohr sicherlich die eine oder andere Verwirrung, vor allem aber eine unglaubliche theologische Kreativität, Tiefe und Vielfalt hervorbringt.

Eisegese oder Exegese?

Es bleibt die Frage, wie sich die ursprüngliche Bedeutung eines Schriftverses und seine spätere, häufig ausufernde, Interpretation zueinander verhalten. Impliziert die nebensächliche Nennung vom Stein unter Jakobs Kopf wirklich ein verstecktes Wunder von der Vereinigung mehrerer Steine inkl. diverser theologischer Aussagen über die Beziehung zwischen Gott und seinem Volk? Oder ist dies nur eine heillose Überinterpretation eines äußerst bemüht gesuchten und gefundenen Widerspruchs zwischen einer Singular- und einer Pluralform von Steinen?

Auf die Frage nach Legitimität und Originalität der Auslegung findet die rabbinische Literatur selbst eine humorvolle Antwort. Im Talmudtraktat Menachot (29b) wird berichtet:

Als Mosche in die Höhe stieg, traf er den Heiligen, gepriesen sei er, dasitzen und Kränze für die Buchstaben winden. Da sprach er zu ihm: Herr der Welt, wer hält dich zurück [d.h. wozu ist diese Vorsicht nötig]? Er erwiderte: Es ist ein Mann, der nach vielen Generationen sein wird, namens ʾAqiba b. Joseph; er wird dereinst über jedes Häkchen Haufen über Haufen von Lehren vortragen. Da sprach er vor ihm: Herr der Welt, zeige ihn mir. Er erwiderte: Wende dich um. Da wandte er sich um und setzte sich hinter die achte Reihe; er verstand aber ihre Unterhaltung nicht und war darüber bestürzt. Als jener zu einer Sache gelangte, worüber seine Schüler ihn fragten, woher er dies wisse, erwiderte er ihnen, dies sei eine Mosche am Sinai überlieferte Lehre. Da wurde er beruhigt.

Rabbi Akiva wird gelobt, denn wir kein anderer vor oder nach ihm kann er jedes Häkchen im Bibeltext haargenau auslegen. Mose ist entsetzt, denn er versteht kein Wort der Diskussion in Rabbi Akivas Lehrhaus. Als die Schüler*innen Rabbi Akiva fragen, woher er seine Lehre beziehe, sagt dieser selbstbewusst, dies sei die Weisung, die Mose von Gott erhalten habe. Man erwartet Zorn oder zumindest Widerspruch von Seiten des Mose – doch nein: Als Mose hört, dass er die Lehre selbst überliefert habe, beruhigt er sich.

Sosehr die Rabbinen sicher selbst über diese Geschichte gelacht haben, sagt sie auch einiges über ihr Verständnis der Bibelauslegung aus: Die Schrift muss immer wieder beleuchtet, diskutiert und auf diese Weise aktualisiert werden. Ständig neue Gesichter der Tora werden in der Geschichte auftauchen, wobei selbst Mose die meisten davon noch nicht absehen konnte. So geschieht, was Ben Bag Bag gefordert hat: „Wende sie und wende sie, denn alles ist in ihr enthalten!"

Literaturhinweise

Maller, Allen S.: A Torah with 70 Different Faces. In: Jewish Bible Quarterly 41/1 (2013), 28-31

Übersetzung des Midrasch GenR 68: Deutsch-Hebräische Ausgabe Der Midrasch Bereschit Rabba. Das ist die haggadische Auslegung der Genesis. Zum ersten Male ins Deutsche übertragen von Lic. Dr. Aug. Wünsche. Nachdruck der Ausgabe Leipzig 1881. Band 2: Parashot 57-100. Jerusalem 2010, 331

Übersetzung aus dem babylonischen Talmud Men 29b: Der Babylonische Talmud. Neu übertragen durch Lazarus Goldschmidt. Zehnter Band: Zebaḥim / Menaḥoth. Berlin 1935, 486f.

(Alle anderen Übersetzungen sind von der Autorin selbst vorgenommen worden.)

Der gute Hirt
(Ein Psalm Davids)

Der Herr ist mein Hirte, nichts wird mir fehlen.
Er läßt mich lagern auf grünen Auen und
führt mich zum Ruheplatz am Wasser.
Er stillt mein Verlangen; er leitet mich auf
rechten Pfaden, treu seinem Namen.
Muß ich auch wandern in finsterer Schlucht,
ich fürchte kein Unheil; denn du bist bei mir,
dein Stock und dein Stab geben mir Zuversicht.
Du deckst mir den Tisch
vor den Augen meiner Feinde.
Du salbst mein Haupt mit Öl,
du füllst mir reichlich den Becher.
Lauter Güte und Huld werden mir folgen
mein Leben lang, und im Haus des Herrn
darf ich wohnen für lange Zeit.

Der gute Hirte
Tinte und Tusche auf Papyrus; 82cm x 42cm; Stolberg 2016

Die Bibel – ein Buch wirklicher Geschichten

Doris Hiller

Das kann doch alles gar nicht wahr sein!
Ein erster Mensch schleicht beschämt durch einen Garten, ein großes Schiff wird auf trockenem Land gebaut, irgendwo in der Steppe brennt ein Busch, Jona betet im Bauch eines Fisches, David flirtet mit einer Frau auf dem Balkon, ein Prophet träumt von einem Friedensreich, ein Kind kommt in einer Höhle zur Welt, ein Stern weist den Weg, das Grab war leer, Maria begegnet dem Auferstandenen, die Jünger fangen Feuer...
Diese und noch so viel mehr Geschichten bietet jenes Buch, das eine ganze Bibliothek voller Gottesbegegnungen, Menschheitstragödien, Himmelsworten und irdischen Gelüsten birgt, nicht mehr und nicht weniger als das volle Leben. Ein Bestseller in mehreren Bänden mit einem in Variationen dargebotenen Grundthema: dem unbedingten Ja Gottes zu den Menschen, exemplarisch mit dem Volk Israel erzählt, konzentriert in dem, der sein Sohn genannt wird, wirkmächtig in der Kraft seines Geistes. Gottes- und Menschenwort auf engstem Raum; Gotteswort in menschlichen Worten aufgeschrieben. Und schon haben wir uns mitten hinein gelesen in das Problem: Kann das denn wahr sein? Staunende Selbstzweifel werden genährt von einer Religionskritik, die so alt ist wie die Gottes- und Göttergeschichten selbst. Projektion, Dichtung, Menschheitsutopien, die der Härte der Realität nicht standhalten und die jene Fragen aufwerfen, die scheinbar auch noch durch theologische Wissenschaft genährt werden: Wenn nicht „wahr" ist, was dasteht, was soll ich dann glauben? Woher weiß ich, was „wahr" ist, wenn nicht „wirklich" geschehen ist, was zu lesen ist?
Theologie, insbesondere Dogmatik, fragt nach der Wahrheit des Gotteswortes, für das die Bibel in allen ihren Teilen steht. Sie braucht dazu vor allem die Exegese, jene Wissenschaft, die sich um das Textverstehen bemüht, in der Frage danach, woher diese Texte kommen und warum sie so geschrieben sind. Dogmatik setzt diesen Texterkenntnissen keine festgeschriebene Wahrheit gegenüber. Sie hat, wie alle Menschen, gläubig oder nicht, nicht mehr, aber auch nicht weniger als diese Texte der Bibel, mit denen sie nach der Wahrheit des Gotteswortes sucht. Theologie hat keine gültige Wahrheit, sie sucht und fragt nach den Wahrheiten, die in Erfahrungen im Glauben zur Geltung kommen und – sie findet Geschichten.

Geschichte und ihre Geschichten
Leben findet nicht als Geschichte, sondern in Geschichten statt. Erzählt z.B. ein alter Mensch eine Begebenheit aus seiner Jugend, wird er selten nach dem genauen Datum gefragt, um die Echtheit der Begebenheit zu prüfen. Hinter der möglicherweise erstaunten Rückfrage „Das ist nicht

wahr, oder?" steckt weniger die Frage nach Wahrheit, sondern die Frage nach dem wirklich Geschehenen: „Ist das wirklich geschehen?" und es schwingt ein „So" mit, das nach den Tatsachen fragt: „Ist das wirklich so geschehen?". Abgesehen davon, dass in den meisten Fällen gar nicht nachgefragt wird, weil wir den Erzähler für glaubwürdig halten, macht dieser bildlich vorstellbare Dialog deutlich, worum es auch in dem geht, was Historiker als Weltgeschichte und Theologinnen als Gottesgeschichte zu beschreiben versuchen.

Hat ein Historiker ein Datum gesichert, dann ist noch lange nicht sicher, dass die damit verbundene Begebenheit auch tatsächlich so stattgefunden hat, wie sie überliefert ist. Das Datum sichert, dass etwas geschehen ist. Wie etwas geschehen ist, ist damit nicht eindeutig belegt. Auch die neuen Medien, die es mit bildgebenden, echtzeitzertifizierten Verfahren und entsprechenden Speichermedien der Nachwelt historisch viel einfacher zu machen scheinen, enden im Trugschluss. Auch Bilder können trügen und Geschehnisse trügerisch inszeniert werden. Sie beweisen nichts. Der biblische Klassiker dazu wäre ein Bild von einem leeren Grab: Eine Auferstehung ist damit keineswegs bewiesen; viel wahrscheinlicher ist ein schon biblisch für möglich gehaltener Grabraub. Selbst wenn das Bild mit einem Datum versehen wäre, wird das, was damals geschehen ist, keineswegs wahrer. An einem Freitag zu Beginn der christlichen Zeitrechnung sind vermutlich mehrere Menschen in Jerusalem zu Grabe getragen worden. Warum soll dieser eine, der da nicht mehr liegt, jener Jesus von Nazareth sein? Und zeigt das Bild wirklich ein Grab in Jerusalem? Ein Datum und ein Bild würden höchstens wahrscheinlicher werden lassen, dass etwas geschehen ist, das sich festzuhalten lohnte. Ob es genau so war, lässt sich nicht mit Sicherheit sagen; tut aber auch nichts zur Sache, denn: Die größtmögliche Verlässlichkeit bieten die Zeugenaussagen, die berichten, den Auferstandenen gesehen zu haben.

Deutlich werden sollte mit diesem anschaulichen Gedankenschritt: Nicht Geschichte als Faktenspeicher verifiziert die Berichte und Geschichten von Begebenheiten. Es ist umgekehrt: Geschichten und Berichte halten fest, dass etwas von Bedeutung geschehen ist. Das kann genau oder nur ungefähr datierbar sein. Es muss aber – nicht um der Tatsache, sondern um der Sache willen – auf jeden Fall zur Sprache gebracht werden. Die nachhaltigste Form dafür ist das Erzählen. Erzählen ist sachorientiert, variiert aber in der Darstellung. Die vier Evangelien mit ihren Varianten zu Tod und Auferstehung Jesu zeigen dies. Die Schöpfungsgeschichte wird auch mit Datum des Anfangs nicht glaubhafter, aber anders als erzählen lässt sich davon nicht, dass dieser darin zu Wort kommende Gott von Anfang an ein weltumspannend gestaltender Gott ist. Verfehlt wäre es deshalb, Erzählen als sprachlichen Modus der phantasievollen Unterhaltung zu qualifizieren. Schon in der Rhetorik des Aristoteles ist Erzählen ein Mittel der Argumentation, das – so dann in seiner Poetik weiter klassifiziert – der Veranschaulichung dient. Erzählen malt sprachliche Bilder von etwas, das mir so bedeutsam erscheint, dass das, wovon ich überzeugen will, glaubhafter wird. Erzählen zielt auf geschichtliche Qualität und nicht auf die Quantität von Fakten. Geschichtliche Qualität zeichnet sich durch die Unabgeschlossenheit von Geschichten aus. Erzählt wird, weil etwas als etwas über den Augenblick hinaus Bedeutsames erfahren worden ist, das jetzt in der Vergangenheit liegt. Das Erzählen ermöglicht die Vergegenwärtigung des Vergangenen. Was im Erzählen gegenwärtig wird, ist prinzipiell zukunftsfähig, weil es zu allen Zeiten immer wieder vergegenwärtigt werden kann. Erzählen ist, anders als eine Reportage, immer ein Nacherzählen im Wissen um die Möglichkeit des Weitererzählens. Die Erfahrung ist geschehen. Das Ereignis ist vorbei. Seine Bedeutung jedoch wirkt weiter und stellt alle, die jetzt erzählen und die das Erzählte hören bzw. lesen in den Bedeutungsraum des Geschehenen. Es kann dann wieder Ereignis werden und neue, andere Erfahrungen freisetzen, die wiederum des Erzählens wert sind.

Mehr als wirklich

Geschichten erzählen mehr als das Wirkliche. Biblische Geschichten erst recht, nicht, weil das, was sie erzählen auf Unwirklichem basieren würde, und sie Erfundenem zur Wirklichkeit verhelfen müssten. Biblische Geschichten bringen vielmehr Mögliches zur Sprache. Offensichtlich Unvorstellbares, also etwas, was dem logischen Denkvermögen unwirklich erscheint (Gott spricht Menschen an; Gott weckt einen Toten auf) wird im Erzählen zu offenbar Möglichem.

Wenn es um geschichtliche Erkenntnis geht, und auch Glaubenserkenntnis ist nichts anderes als geschichtliche Erkenntnis, weil sie sich in Raum und Zeit ereignet, müssen wir uns von dem Gedanken verabschieden, dass Geschichten, die mehr als das Wirkliche abbilden deshalb weniger wahr sind. Vielmehr ist es so, dass mit erzählten, aufgeschriebenen, weitererzählten und ausgelegten Geschichten Geschehenes, d.h. etwas, das für Menschen bedeutsam widerfahren ist, etwas, was sich vor Zeiten ereignet hat, wahrhaftiger und damit glaubwürdiger wird. In gewisser Weise steigern Geschichten damit die Faktizität eines Ereignisses, weil die narrative Rahmung dafür sorgt, dass auch das, was weder logisch, noch methodisch nachweisbar ist, so vergegenwärtigt werden kann, wie es hätte geschehen können. Die narrative Annahme orientiert sich am faktisch Möglichen. Geschichtsphilosophisch spricht Paul Ricœur hier von der Überkreuzung von Faktizität und Fiktionalität und der für geschichtliche Erkenntnis notwendigen gegenseitigen Grenzüberschreitung, „in der das quasi-historische Moment der Fiktion den Platz mit dem quasi-fiktiven Moment der Geschichte tauscht" (Zeit und Erzählung III, 311).

Das bedeutet: Geschichte wird nicht aus Gleichungen, sondern aus Gleichnissen. In besonderem Maße ist das in der biblisch erzählten Gottesgeschichte zum Ausdruck gebracht. Für Gleichungen gilt: Ereignisse, die bereits Geschehenem gleichen, werden in den Lauf der Dinge eingeordnet. Alles bleibt, wie es ist. Das garantiert zwar eine relative Sicherheit zeitlicher Abläufe und Lebenszusammenhänge, ermöglicht aber nichts Neues und ist Kontingentem nicht gewachsen. Ereignisse, in denen Unvergleichliches erfahren wird, desorientieren und ermöglichen so eine neue Perspektive auf die Wirklichkeit, indem sie diese auf nie Dagewesenes hin öffnen und darin neu orientieren. So wird der brennende Dornbusch zum Gleichnis dafür, dass Gott sich mit Namen offenbart und die Begegnung mit dem auferweckten Gekreuzigten zum

Gleichnis dafür, dass Gott nicht aus der Welt ist. Beides, brennende Büsche, die nicht verbrennen und auferweckte Tote hat es bis dahin nicht gegeben. Beide Ereignisse entbehren auch künftig jeder menschlichen Logik und werden auch dann nicht wirklicher, wenn sie in ihrer faktischen Ereignishaftigkeit für wahr gehalten werden. Sie stehen aber für die Möglichkeit Gottes, die im Wirklichen mehr sehen lässt, als das, was der Fall ist. In dieser Überbietungslogik (Paul Ricœur) schreibt sich Gottesgeschichte in menschliche Geschichte ein. Im Erzählen kann geglaubt werden, was mehr als wirklich ist und dieses ist mehr als wahr, weil es sich im Geschehen Geltung verschafft.

Bezeugte Wahrheit
In gewisser Weise kann die Bibel als Gleichnis Gottes verstanden werden. Die in der Bibel gesammelten Geschichten stehen in all ihrer Pluralität für Gottes Wort. Die exegetisch erhebbare Entstehung und Überlieferung der Texte, die den Geschichten Haltbarkeit und Form gegeben haben, versucht zu verstehen, in welcher Zeit und mit welcher Absicht die biblischen Bücher mit ihren jeweiligen Texten notwendig geworden sind. Exegese arbeitet darin theologisch sachdienlich, weil sie danach fragt, was zu welcher Zeit wie und warum zur Sprache gebracht werden musste. Die theologische Weiterarbeit an der hinter den Texten erhobenen exegetischen Erkenntnis öffnet die Welt vor den Texten. Der Möglichkeitsraum wird nicht auf den Text hin entworfen, sondern öffnet sich vor dem Text. Diese Welt vor dem Text überbietet die Wirklichkeit in der Entfaltung des Möglichkeitsraumes der Gottesgeschichte. In ihm wird die Gottesgeschichte auf Zukunft weitererzählt. Wie jeder Raum ist die Welt vor dem Text mehrdimensional, d.h.: das vom Text her ermöglichte Verstehen ist vielfältig. Beliebig ist dieses narrativ inszenierte und interpretierte Verstehen allerdings nicht, weil es nicht primär an die Interpreten, sondern an das zu Interpretierende zurückgebunden ist. D. h.: Das Kriterium der in den Geschichten der Bibel zusammengetragenen Gottesgeschichte ist nicht eine wie auch immer erhobene, eindimensionale Wahrheit von Einzelereignissen, sondern die Wahrhaftigkeit des Geschehens. Die Geschichten stehen für das Geschehen der Gottesgeschichte. Ihre Wahrheit kommt als bezeugte Wahrheit zur Geltung. Auch hier gilt: Bezeugte Wahrheit ist nicht weniger wahr, weil Zeugenaussagen grundsätzlich falzifizierbar sind. Bezeugte Wahrheit ist mehr als wahr, weil sie auf Vertrauen basiert. Vertrauenswahrheit entspricht dem, was theologisch im Verständnis des Glaubens als assertio (Gewissheit) bezeichnet wird, vgl. Martin Luthers Übersetzung des hebräischen „Amen" als „Das ist gewisslich wahr".

Die Spezifik des Wahrheits- und Wirklichkeitsverständnisses biblischer Geschichten liegt darin, dass das darin Bezeugte zum einen von sich selbst zeugt, weil es sich in Gottes Offenbarung (z.B. Ex 3) bzw. im Geist Gottes (z.B. Joh 15) zeigt, zum anderen, dass Menschen von diesen Gottesbegegnungen zeugen bzw. zum Zeugnis aufgefordert sind. Hinzu kommt, dass die Bibel nicht Texte von etwas birgt, das auch außerhalb dieser Texte erschließbar wäre, auch wenn es für einzelne Ereignisse historische Erkenntnisse aus anderen Quellen gibt. Weil die Texte für eine Vielzahl und Vielfalt von Gotteserfahrungen stehen und weil sie eine Offenheit auf ein raum- und zeitübergreifendes Eschaton markieren, ist das Christentum keine Buchreligion, die einer festgeschriebenen Wahrheit verpflichtet ist. Die in den Erzählungen zum Ausdruck gebrachte Beziehung zwischen Gott und Mensch kann aber nur aus den Texten heraus fort- und weitererzählt werden. Mit und in ihnen ist der je zu seiner Zeit gelebte Glaube orientiert. Die je in ihrer Zeit fort- und weitererzählten Variationen der Gotteserkenntnis und Gotteserfahrung sind darum nicht beliebig, sondern zusammengehalten im sie orientierenden Sachgrund des Evangeliums. An ihm als Botschaft des rechtfertigenden und barmherzigen Gottes ist der Verstehensraum der biblischen Texte ausgerichtet. Mit ihm erzählt sich Gottes Geschichte in unsere Geschichten hinein. Auch darauf lässt sich „nur" Amen sagen, aber dieses „Nur" reduziert den Wahrheitsgehalt nicht, sondern exponiert ihn in der bezeugten und zu bezeugenden Freiheit des Glaubens.

Literatur:
Ingolf U. Dalferth, *Die Kunst des Verstehens*, Tübingen 2018.
Paul Ricœur, *Zeit und Erzählung*, Band III: Die erzählte Zeit, München 1991.
Erstveröffentlichung unter dem Titel „Wirklich und wahrhaftig ein Buch voller Geschichten" Junge Kirche 2/2018.
Wir danken für die Genehmigung zum Abdruck.

Das Verständnis des Koran im Horizont der gegenwärtigen islamischen Theologie

Armina Omerika

Der Koran als die sprachliche Offenbarung Gottes in (die/der) Geschichte: Für Muslime beginnt die Offenbarung Gottes mit seiner Schöpfung. Im Koran wird die Uroffenbarung damit beschrieben, dass Gott alle Menschen schon vor ihrem irdischen Dasein bezeugen ließ, dass es den einzigen Gott gibt (Sure 7:172): „Bin ich nicht euer Herr?" Da sprachen sie: „So ist's, hiermit bezeugen wir's". Der Glaube an Gott ist somit in der Natur des Menschen angelegt. Dennoch offenbarte sich Gott durchweg auch in der Geschichte, durch seine Gesandten, wenn die Urbotschaft in Vergessenheit geraten war. Allen Offenbarungen ist somit aus koranischer Sicht im Grunde eine universale Botschaft gemein: *Es gibt (den) einen Gott*. Allerdings sind die jeweils offenbarten Religionen und Gesetze (*šarīʿa, šarāyiʿ*) je nach ihrer Offenbarungszeit und -kontext unterschiedlich ausgeprägt. So erklären sich beispielsweise die Unterschiede zwischen den Offenbarungen von Moses (Tora) und Jesus (Evangelium). Ein solches Offenbarungsverständnis ist zugleich ein Zugeständnis an die historische Wandlungsfähigkeit der Ausdrucksformen der Offenbarungsreligion. Die so verkündigte Botschaft Gottes wird durch die Offenbarung des Korans und die Sendung Muḥammads (5:42-49) vollendet.

Der Koran ließe sich also als „von Gott an Muḥammad offenbarte wörtliche Rede" definieren, welche dieser an die Menschen übermittelte. Muslime glauben sowohl an die göttliche Herkunft dieser Rede als auch daran, dass ihr Wortlaut ohne Veränderung bis heute erhalten geblieben ist. Der Koran ist entsprechend nicht als Textkorpus zu verstehen: Er wurde nicht als Schrift diktiert; er ist nicht linear arrangiert, erst recht ist er nicht narrativ (mit Ausnahme einiger Teile). Vielmehr besteht er aus einzelnen Passagen oder Sprechakten, die von Muḥammad im Laufe von ca. 23 Jahren (610-32) als Worte Gottes zu konkreten Anlässen und Situationen verkündigt wurden.

Qurʾān: Vortrag, Rezitation, (lautes) Vorlesen
Der Koran rekurriert selbstreferentiell auf sich selbst: Der dort verwendete arabische Begriff *al-qurʾān* bezeichnet nicht etwa das ganze „Buch", wie wir es heute kennen, sondern trägt unterschiedliche Bedeutungen. So kann *qurʾān* etwa einen Abschnitt, eine oder mehrere Suren aber auch den bis dahin jeweils offenbarten koranischen Wortlaut als Rezitationstext bezeichnen.
Dementsprechend spricht die islamische Theologie weniger vom *Wort Gottes*, als von der *Rede Gottes*, *kalāmu llāh*.

Diese Unterscheidung hat folgenreiche theologische Implikationen, sowohl für die Deutung des Korans als auch für das islamische Gottesbild. Einige der frühsten islamisch-theologischen Debatten drehten sich darüber, ob die Rede Gottes als Attribut Gottes als urewiges Attribut mit Gott identisch oder von Ihm erschaffen und getrennt zu verstehen sei. Denn wenn Gottes Wort und Gott identisch sind, herrscht eine Gleichheit zwischen dem Koran als Medium und Gott als Sender. Wenn der Koran, die Rede Gottes, allerdings als von ihm erschaffen verstanden wird, dann verweist das auf die Zeichenhaftigkeit und die repräsentative Natur des Korans – eben darauf, dass er als Zeichensprache auf etwas anderes hindeutet, als das, was er selbst ist. Dies erst macht den Koran interpretationsbedürftig. Hieran schließen sich auch Fragen nach der Sprache und der Art der Offenbarung an: Hat Gott selbst Arabisch gesprochen? Hat der Engel Gabriel Gottes Rede in die Form der arabischen Sprache gekleidet? Hat erst der Prophet die von Gott eingegeben Bedeutungen in die arabische Sprache überführt? Welcher Art war die Eingebung? Wurde der Koran Wort für Wort in dieser vollendeten grammatikalischen Form diktiert? Oder hatte der Prophet eine aktivere Rolle in der Ausformulierung, indem die göttliche Eingebung in ihm auf eben spezifische prophetische Voraussetzungen und Begabung traf, wie manche modernen Theologen behaupteten (so zum Beispiel Fazlur Rahman und Mohammed Shabestari)?

Die heutige islamische Theologie steht noch vor der Aufarbeitung dieser Fragen, Debatten und Positionen, unabhängig davon, dass sich hier im Laufe der Zeit eine Position durchgesetzt hat, die vor allem im sunnitischen Islam als „orthodox" gilt. Theologiegeschichtlich – und damit auch für die gegenwärtige theologische Reflexion – sind Fragestellungen relevant, warum bestimmte Positionen marginalisiert wurden und vor allem welche Plausibilitätskriterien diesen Prozessen zugrunde lagen.

Adressaten des Korans waren die des 7. Jahrhunderts

Die Frage nach dem Gegenüber der koranischen Anrede, nach den Adressaten also, ist nicht minder wichtig für die Auslegung der Schrift. Neben Muḥammad selbst waren dies seine Gefährten, aber auch andere Zuhörer, darunter auch Nicht-Muslime. Der Koran kann also als eine Ansammlung von Sprechakten verstanden werden. Somit ist er eng verwoben mit seinem jeweiligen Kontext und mit der Lebenswelt seiner Adressaten: Er leitet die Entstehung und Entwicklung der neuen religiösen Bewegung des Islams, begleitet sie aber auch, er kommentiert lebensweltliche Zusammenhänge und nimmt auf sie Bezug – die Spuren dieser Lebenswelt finden sich unvermeidlich im Koran wieder.

Für die Deutung des Korans sind neben dem allgemeinen sozio-historischen Kontext, in dem diese Lebenswirklichkeiten verortet waren, sowohl der konkrete Offenbarungsanlass als auch die jeweilige Kommunikationssituation von Bedeutung, in der sich die Offenbarung vollzog – und dies geschah unter wechselnden Bedingungen über zwei Jahrzehnte hindurch. Dementsprechend muss eine Historisierung des Korans eben nicht nur den allgemeinen Kontext, sondern – im Sinne von linguistischer Pragmatik – auch die jeweilige Kommunikationssituation berücksichtigen. Dass dies eine Chance, zugleich aber auch ein Problem darstellt – darüber gleich mehr. An dieser Stelle soll zunächst festgehalten werden, dass eine Verschriftlichung des Korantextes erst nach dem Tod des Propheten erfolgte, was auch von der traditionellen islamischen Überlieferung nicht in Frage gestellt wird. Es existierten zwar bereits zu seinen Lebzeiten schriftliche Fixierungen, möglicherweise zu liturgischen- und Rezitationszwecken, jedoch erfolgte eine Standardisierung des Korantextes, wie er uns heute vorliegt, erst unter dem dritten Kalifen ʿUṯmān ibn ʿAffān (reg. 644-651). ʿUṯmān rief eine Redaktionskommission ins Leben, um die Abweichungen und Unterschiede zwischen den damals existierenden Lesarten und Textvarianten auf ein Minimum zu bringen. Abweichungen in der Lesung des arabischen Konsonantentextes existieren aber bis heute in den verschiedenen kanonisierten Lesarten des Korans weiter.

Durch die historische Distanz zum ursprünglichen Kontext der koranischen Ansprache und die zeitliche und räumliche Entwicklung der muslimischen Gemeinde, stützte sich die Interpretation des Korans durch die Muslime notwendigerweise zunehmend auf den verschriftlichten Text; die unmittelbar nachvollziehbaren lebensweltlichen Bezüge der ersten Adressatengemeinde wurden somit durch eine Deutungstätigkeit ersetzt, die über das Medium des (schriftlichen) Textes Zugang zu den sprachlichen Bedeutungen und damit zur göttlichen Intention suchten. Gleichzeitig wurden mit der historischen Distanz die jeweiligen Kontexte sowie die spezifische Kommunikationssituation immer schwieriger rekonstruierbar.

Konsequenzen der Verschriftlichung des Korans für die historisch gewachsene Exegese und die Gültigkeit der koranischen Bedeutungen

Bereits frühe exegetische Traditionen und deren hermeneutische Prinzipien zeigen uns, dass sowohl die frühen als auch die späteren Exegeten durchaus über dieses Spannungsverhältnis zwischen dem Koran als Text und dem Koran als Anrede wussten. Denn zur Bestimmung von Bedeutungen und Deutungen einzelner Passagen wurden sowohl der historische Kontext (möglich durch den Textkorpus der sog. Offenbarungsanlässe – *asbāb an-nuzūl*), aber auch textimmanente Faktoren berücksichtigt, so etwa die innere Kohärenz der Surenstruktur oder ihre Bezüge aufeinander (vgl. Seker 2017). Fragen, die schon früh diskutiert wurden, waren unter anderem folgende: Sind die koranischen Aussagen nur für die direkt angesprochene Adressatengemeinde verbindlich, oder eben universell für alle Zeiten und Orte gültig? Bedeutet diese Gültigkeit eine Gültigkeit des Wortlauts, oder eine Gültigkeit der Bedeutung des Wortlauts, oder sogar des „Prinzips", des „Geistes der Offenbarung", die hinter dem Wortlaut stehen? Dieses Spannungsverhältnis wurde im Laufe der Zeit (auch wenn wir noch nicht genau über die Hintergründe Bescheid wissen, sodass es hier entsprechende Forschungsdesiderate gibt) zugunsten der universalen Gültigkeit gelöst, während die historisierenden Deutungsversuche in den Hintergrund traten (vgl. Özsoy 2015). Erst in der Moderne wurde das historisierende Prinzip wiederaufgenommen und mit neuen Fragestellungen nach der genauen Art des Offenbarungskontextes wie auch mit neuen linguistischen und sprachphilosophischen Ansätzen verbunden. In gewisser Weise wurde also das alte Spannungsverhältnis im positiven Sinne neu belebt.

Gleichwohl spielt der mündliche Charakter der koranischen Offenbarung nach wie vor eine wichtige Rolle. Gerade im täglichen Gebet werden diese rituellen Aspekte des Korans deutlich. Die Koranrezitation ist für Muslime eine sinnliche, ästhetische Erfahrung des Korans. Naṣr Ḥāmid Abū Zaid bringt es auf den Punkt, wenn er die Rezitation des Korans gleichzeitig als einen rituellen wie spirituellen Akt bezeichnet: „Indem der Gläubige die Rede Gottes ġört, hört er den Sprecher selbst – er hört Gott. Gott wird ihm gegenwärtig, und gleichzeitig vergegenwärtigt er sich selbst im Angesicht dieses göttlichen Sprechers" (Abū Zaid 2001:19).

Der Koran kann nur in Relation zur Geschichte und zum Menschen als Subjekt der Geschichte verstanden werden

Dennoch ist das Medium der Schrift heute der zentrale Zugang zu einem reflektierten wissenschaftlichen Umgang mit dem Koran. Jedoch muss das Bewusstsein darüber bestehen, dass der heutige Text, also das, was wir als *Schrift* bezeichnen, die Verschriftlichung einer ursprünglich anderen, mündlichen, Kommunikationsform ist.

Bereits der *Akt der Offenbarung* durch Sprache als ein kommunikativer Akt begründet die Interpretation, ebenso wie die Notwendigkeit, über diese Interpretation kritisch und hermeneutisch zu reflektieren.

Für heutige Exegeten gilt: Will man die lebende Anrede Gottes an die Adressaten in ihrer jeweiligen spezifischen Kommunikationssituation verstehen, so braucht es grundlegender Quellenforschung, um diese Situationen zu rekonstruieren. Dies sind die Ansätze der historisch-kritischen theologischen Koranexegese – gemeint ist hier die wissenschaftlich vertretbare Form. Angesichts aber der äußerst schwierigen Quellenlage zum Frühislam und zum unmittelbaren koranischen Kontext ist ein solcher Zugang vorerst in weiten Teilen zunächst eine Absichtserklärung, eine jedoch, die von zentraler Bedeutung ist und nur durch beharrliche und langwierige Arbeit eingelöst werden kann. Zudem muss sich eine historisch-kritische Koranexegese aber auch selbstkritisch mit hermeneutischen Problemen auseinandersetzen, so beispielsweise ob es so etwas wie eine ursprüngliche Bedeutung überhaupt gibt und ob es grundsätzlich möglich ist, diese zu rekonstruieren. Innermuslimisch stellt sich die Frage nach der Relevanz der so konstruierten Bedeutung für die heutige Zeit, für das erforschende Subjekt aber auch für die eigene Spiritualität. Wie kann beispielsweise innerislamisch mit dem gegenüber historisierend arbeitenden Exegeten erhobenen Vorwurf umgegangen werden, durch die historisch kritische Koranexegese würden Teile des Korans für irrelevant erklärt? All dies sind Fragen, an denen sich eine gegenwärtige islamische Theologie abzuarbeiten hat – ein Prozess, der teilweise schon stattfindet. Es bleibt dennoch abschließend festzuhalten, dass der Koran nur zu einem geringen Teil aus sich selbst heraus verstanden werden kann: Seine Rechtleitung verstehen, entschlüsseln und für die eigene religiöse Subjektivität fruchtbar machen kann man allerdings erst nur, wenn man ihn in Bezug setzt zur Geschichte, und zum Menschen als Subjekt ebendieser Geschichte: Denn Gott hat sich in (der/die) Geschichte (hinein) offenbart und den Menschen damit die Richtung gewiesen. Die Offenbarung ist damit abgeschlossen; es liegt nunmehr am Menschen als Subjekt der Geschichte eigenständige Schritte in diese Richtung zu tätigen.

Literatur:

Abū Zaid, Naṣr Ḥāmid: Mafhūm an-naṣṣ. Kairo: Dirāsa fī ʿUlūm al-Qurʾān, 1991.

ders.: Mein Leben mit dem Islam. Erzählt von Navid Kermani. Aus dem Arabischen von Cherifa Magdi. Freiburg: Herder Verlag, 2001.

Özsoy, Ömer: Die Geschichtlichkeit der koranischen Rede, in: Körner, Felix: Alter Text - Neuer Kontext. Koranhermeneutik in der Türkei heute. Ausgewählte Texte, übersetzt und kommentiert von Felix Körner SJ. Religion und Gesellschaft. Modernes Denken in der islamischen Welt Bd. I. Freiburg: Herder Verlag, 2006, S. 78-98.

ders.: Das Unbehagen in der Koranexegese. Den Koran in anderen Zeiten zum Sprechen bringen, in: Frankfurter Zeitschrift für Islamisch-Theologische Studien 1 (2015), S. 29-68.

Rahman, Fazlur: Prophecy in Islam: Philosophy and Orthodoxy. Chicago: University of Chicago Press, 1958.

ders.: Islamic Methodology in History. Karachi: Central Institute of Islamic Research, 1965.

Seker, Nimet: Interpretationslehre der sunnitischen Koranexegeten im Spannungsfeld der Kompositionalität und Kontextualität des Korans. Frankfurt a.M., unveröffentlichte Dissertation 2016.

Bobzin, Harmut: Der Koran. 2. Auflg. München: C.H. Beck, 2010.

(Wir danken Herrn Moritz Bohne für die Mitarbeit bei der endgültigen Fassung dieses Beitrages)

„Und wären alle Bäum' auf Erden Schreiberohre,
Das Meer dazu die Tint', und dazu die sieben Meere,
Es würden nie erschöpft die Worte Gottes,
Denn Gott ist machtvoll weise."

Ein paar Worte über arabische Kalligraphie

Eröffnungsrede anlässlich der Vernissage zur interreligiösen Kalligraphie-Ausstellung
Angelika Neuwirth

Liebe Gäste der Shahid-Alam-Ausstellung!

Ich freue mich über die Möglichkeit, Ihnen heute für Ihre Begegnung mit dem Werk eines der bedeutendsten zeitgenössischen Kalligraphen, Shahid Alam, einige Anstöße zum Nachdenken über die arabische Schrift mit auf den Weg geben zu können. Einige Gedanken zum Status der Schrift in der islamisch geprägten Kultur sind nützlich, um historisch ein Licht auf die – vielleicht nicht auf den ersten Blick erkennbaren – theologischen Dimensionen der Kunst von Shahid Alam zu werfen.

Sie besuchen heute Abend eine Kalligraphie-Ausstellung, sind also thematisch schon auf Schrift vorbereitet. Aber auch wenn Sie sich in einer beliebigen Ausstellung moderner Kunst des Nahen Ostens befänden, würden sie ein großes Kontingent von Bildern sehen, die nicht figürliche oder abstrakte Darstellungen, sondern arabische Schrift zeigen. Schrift, nicht unbedingt zur Wiedergabe bestimmter verbaler Inhalte, sondern Schrift meist ganz ohne semantische Aussage, also als Zeichen ohne konkretes Bezeichnetes. Das Ornament ist seit langem die häufigste Erscheinungsform von arabischer Kalligraphie, wie man sie ja auch auf den verschiedensten Schmuckgegenständen findet. Oft erscheint Schrift aber auch politisch instrumentalisiert, von Künstlern kritisch eingesetzt zur Bloßstellung, zur Pervertierung des heute ja oft missbräuchlichen Umgangs mit dem islamischen Erbe. Oder sie erscheint sogar als ungewollte Selbstentblößung – denken Sie an die Schriftzeichen des IS, der seine Slogans in einer so vereinfachten und verkitschten Schrift präsentiert, dass die Nähe zur Disneywelt schwer zu verkennen ist. Schrift ist in der islamisch geprägten Kultur heute eben auch eine Bühne, auf der Debatten und Auseinandersetzungen um Identitäten ausgetragen werden.

Natürlich ist Schrift, auch wenn sie keinen Text wiedergibt, nirgends sinn-leer, denn sie deutet immer auf etwas außerhalb von ihr selbst. Ich möchte die modernen politischen Beispiele jetzt ausblenden und gleich zu der wichtigsten Schrift-Referenz überhaupt kommen: nämlich der Schöpfung der Welt und der Stiftung von transzendentem Sinn für die Welt. Denn man könnte für den Islam etwas überspitzt sagen: „Am Anfang war die Schrift". Wie kommt es zu diesem einzigartigen Status von Schrift im Islam?

Man muss sich dazu etwas präsent halten, was wir selbst erst in neuerer Zeit zu realisieren beginnen, nämlich dass der Islam, der durch die Verkündigung des Koran in die Welt tritt, ein „Spätankömmling" in der Religionsgeschichte ist. Der Prophet Muhammad betritt die Bühne, als die beiden großen Geschehnisse, die die Entstehung von Judentum und Christentum anstoßen sollten, schon fast 600 Jahre zurück liegen und längst „Geschichte" sind: nämlich die Kreuzigung Jesu und die Zerstörung des Jerusalemer Tempels. Sie sind nicht mehr als traumatische Geschehnisse präsent sondern sind inzwischen zu spirituellen „Zeichen" geworden: die Kreuzigung zu dem definitiven Opfer, nach dem es kein weiteres mehr geben kann, und der Tempel zu einer „Spur der Heiligkeit", der man sich nicht mehr physisch, sondern nur durch visionäre Entrückungen zum Himmlischen Tempel annähern kann. Jerusalem selbst ist ein spiritueller Ort geworden. Die reale Welt ist in der Spätantike – das ist die Zeit, in der der Koran entsteht – überwölbt von einer Sinnwelt. Sie ist zu einer „verzauberten Welt" geworden, in der die Wirklichkeit in ein bedeutendes „Vorher", den göttlichen Schöpfungsakt, und ein entscheidendes „Nachher", das Jüngste Gericht, eingebettet ist. „Im Anfang war das Wort", heißt es bei Johannes, d.h. nicht die geschaffene Welt selbst, sondern die epistemische, die geistige Kraft zu ihrer Erschaffung, das Schöpfungswort, der Logos. Durch diesen spirituellen Filter hindurch ist die Welt zu betrachten. Die vordergründige Realität ist „flüchtig", wie es im Koran heißt, die Welt ist bedeutend nur durch die sie umgebende Klammer des Schöpfungswortes und des göttlichen Wortes am Endgerichts. Das ist der „Denkraum", in den der Koran hineingeboren wurde. Man liest den Koran heute oft so, als entspräche er unseren denkerischen Voraussetzungen, als gehe es primär um Fakten und Informationen. Man liest ihn wörtlich und kommt dabei oft zu irritierenden, auf jeden Fall aber zu schiefen Ergebnissen. Um ihm gerecht zu werden, muss man den Filter der immer auch metaphorischen Bedeutung des Textes respektieren, die zwischen dem real Gesagten und seinem spirituellen Sinn oszilliert.

Was hat das mit Schrift zu tun? Die Verzauberung der Welt in eine „Sinnwelt" geschieht – dem Koran zufolge – durch Propheten. Max Weber, von dem der Begriff der „Verzauberung der Welt" stammt, sieht ebenfalls in den Propheten die bedeutendsten Träger dieses besonderen Weltverständnissens. Schon Mose war aber nicht nur Überbringer von Worten gewesen, sondern hatte auch von Gott selbst beschriebene Tafeln erhalten. Die Autorität des prophetischen Wortes beruhte auch auf der letztlich aus einer transzendenten Quelle stammenden Schrift. Diese Überzeugung wird in der Spätantike noch weiter entfaltet. Die himmlische Schrift erscheint als Archiv göttlichen Wissens, in dem bereits alle Schöpfungsdetails im vorherein verzeichnet sind. Ihre Manifestation in Schrift geht also ihrer Realisierung in der physischen Wirklichkeit voraus. „Alle Dinge, Großes und Kleines, haben wir aufgezeichnet in einer Schrift", heißt es in Sure 54:53. Insofern sind die Elemente der Schöpfung zunächst Schriftzeichen. Diese zu lesen und zu dekodieren ist eine ständige Forderung der koranischen Verkündigung. Text und Welt sind gleichermaßen voller „Zeichen". In Sure 45:1-6 heißt es: „Ha mim. Eine Herabsendung der Schrift von Gott, dem Mächtigen und Weisen/ Im Himmel und auf Erden sind Zeichen für die Gläubigen/ und in eurer Erschaffung./ Das sind die Zeichen, die wir vortragen". Die Welt ist also ein Text so wie die Schrift ein Text ist.

Nun gibt es ähnliche Vorstellungen von der Text-förmigkeit der Welt nicht nur im Islam, sondern auch in anderen Religionskulturen, etwa bei einigen christlichen Kirchenvätern. Auch genießt Schrift im Judentum ein hohes Ansehen, wo die Heilige Schrift, die Tora bis heute handschriftlich auf Leder geschrieben worden sein muss, um für die Lesung im Gottesdienst tauglich zu sein. Und auch die Vorstellung von der Welt als Text ist im Judentum nicht ungeläufig. Dennoch gibt es aber in diesen Religionskulturen - trotz einzelner kalligraphischer Kunstwerke sowohl in hebräischen als auch in griechischen oder lateinischen Lettern - keine mit den islamischen Verhältnissen vergleichbare Allpräsenz von Schrift in der Geschichte und Gegenwart. Die prominenteste Form der Kalligraphie ist - jedenfalls im europäischen Umkreis - die arabische.

Man muss sich daher auf die arabischen Anfänge des Islam besinnen, wenn man dem Geheimnis des besonderen Status der Schrift auf die Spur kommen will. Der Koran ist historisch betrachtet das früheste arabische Buch. Mehr noch: er ist der früheste arabische Text überhaupt, der dieser Bezeichnung wert ist. Aus der Zeit vor dem Koran sind uns Schriftzeugnisse nur als Felsinschriften erhalten, die sich der nabatäischen Schrift bedienen, die vor allem aber gar keine kollektiv bedeutsamen, erinnerungswürdigen Informationen enthalten. Es handelt sich nicht um politische Inschriften, sondern zumeist um sehr kurze, persönliche Zeugnisse oder kurze Weiheinschriften. Dennoch sind diese Inschriften von Belang: Aus der vorislamischen Literatur, d.h. der altarabischen Dichtung (sie selbst bis in den Islam hinein nur mündlich bewahrt wurde), wissen wir, dass solche Inschriften den arabischen Betrachter, der sie nicht lesen konnte, irritierten und herausforderten, dass sie ihm seine Ausgeschlossenheit von historischem Wissen über seine Kultur bewusst machten, kurz, dass sie eine frustrierende, sogar traumatische Wirkung auf ihn ausübten. Es bildete sich eine Bezeichnung für die Felsinschriften heraus, die von dieser Ambivalenz deutlich Zeugnis ablegt, nämlich *wahy*, wörtlich: „Zeichensprache", „unverständliche Mitteilung". Schrift war gewissermaßen dämonisiert.

Die koranische Verkündigung musste erhebliche Anstrengungen treffen, um die so abschreckend konnotierte Schrift zu legitimieren. Das geschieht durch die Erinnerung daran, dass Gott selbst schreibt, dass er schriftliches Wissen an die Propheten weitergibt, so dass die Menschen ihr Leben danach ausrichten können, dass aber auch Schreibereingel mit der Aufzeichnung der menschlichen Taten befasst sind, so dass das menschliche Leben gewissermaßen zwischen zwei Manifestationen von Schrift, der Offenbarungsschrift (mit ihren Verhaltensanweisungen) und den Tatenregistern (über das davon Beherzigte oder in den Wind Geschlagene) eingefangen ist. Schrift erhält also eine geradezu überwältigende Autorität. Sie ist gewissermaßen der Code zur Entzifferung der Schöpfung, deren Zeichen wie Buchstabenzeichen die Allmacht Gottes zum Ausdruck bringen. Schrift ist das vor der Schöpfung mit dem Schöpfungswort schon Gegebene, und Schrift ist schließlich auch die Urkunde, die göttliche Gerechtigkeit bezeugt, wenn sie den Gerichteten am Jüngsten Tage ausgehändigt wird.

Es ist kein Wunder, dass das umstrittene Wort *wahy* im Koran zu neuen Ehren kommt, dass es sogar zu einer Bezeichnung für den Koran selbst aufrückt. Denn die Mitteilung, die der Prophet mit seiner göttlichen Eingebung erhält, ist ja – wie die unverständliche Schrift auf der Felswand – eine verbal gar nicht verständliche Mitteilung, die nur ihm als Propheten zugänglich ist, die er für seine Hörer aber erst in verbale Sprache zu übersetzen hat.

Aus der traumatisch-isolierenden Ansicht von Schrift auf der Felswand, die den Betrachter aus seiner eigenen Geschichte ausschließt, ist durch den Koran die erfüllende Wahrnehmung der Zugehörigkeit zu einer neuen – auch geschichtlich verankerten Gemeinschaft geworden. *Wahy* steht nicht mehr für Ausgeschlossensein, sondern für Angesprochensein von göttlich inspirierter Rede. Der Koran selbst trägt daher als einen seiner Namen die nun entdämonisierte Bezeichnung des *wahy*, „verständlich gemachte Zeichensprache Gottes".

Diese einmalig enge Verbindung des Koran zur Schrift macht die All-Präsenz von Schrift in der islamisch geprägten Ästhetik bis heute erst recht verständlich. Auch die vorhin erwähnten Versuche der politischen Pervertierung von Schrift durch verschiedene Strategien der Verzerrung widerlegen diese Genealogie nicht, sie zeigen nur an, wie mächtig arabische Schrift als Identitätsmerkmal des Islam geblieben ist und wie fast unmöglich es ist, sich von ihr zu befreien. – Unsere heutige Ausstellung wird – das hoffe ich – auch uns außenstehenden Betrachtern etwas von dem Zauber dieser Schrift vermitteln.

Grundzüge der islamischen Kalligraphie

Stefan Weber

Punjabi ist die meist verbreitete Sprache in Pakistan und wird von über 50 Prozent der Bevölkerung gesprochen. All diese Sprachen bedienen sich der arabischen Schrift bzw. des Schriftstils Nastaleeq. Auf der Grundlage des Schriftstils Nastaleeq hat der Künstler Shahid Alam seinen eigenen Stil entwickelt[1]. Doch darüber hinaus werden zahlreiche weitere Sprachen gesprochen: Punjabi, Pushto, Urdu, Sindhi, Saraiki, Balutschi and Gujarati und es wird das arabische Alphabet geschrieben. Auch Persisch/Dari und verschiedene Turksprachen sowie bis 1928 Osmanisch beziehungsweise bis zur Kolonialzeit das Malaiische nutzen bzw. nutzten arabische Lettern. Hintergrund der Verbreitung des arabischen Alphabets sind die Eroberungen der islamischen Frühzeit des 7. und 8. Jahrhunderts und die Verbreitung des Arabischen als verbindende und religiös verbindliche Sprache der neuen Eliten und natürlich des Korans. Religiöse Aspekte, wie die Bedeutung des Korans als Offenbarung in Arabisch und die Scheu vor Abbildungen in religiösen Räumen, sind sicherlich einige Gründe für die Beliebtheit von Kalligraphie. In kaum einem anderen Kulturraum gibt es wohl einen ähnlichen Bestand schriftlicher Zeugnisse. Neben Buchseiten beschrieb man Gebrauchsobjekte jeglicher Art, ob Teller, Kannen, Krüge, Amulette und Zauberschalen, Waffen oder Münzen. Textilien waren Träger von Schrift, gewebt, geknüpft, gedruckt oder gestickt in Kleidung, Wandbehänge, Kissen oder Teppiche. In der Architektur schmückte man oft großflächig mit Schrift Wände, Türen, Gesimse, Decken, Portale und Kuppeln. Doch ist die religiöse Bedeutung der arabischen Schrift nur ein Erklärungsmuster – ein Großteil der geschriebenen Texte ist weltlicher Natur. Gesellschaften im Nahen und Mittleren Osten sind durch starke urbane Traditionen mit den ältesten Städten der Menschheit geprägt. Materielle Kultur verdeutlicht einen erstaunlich hohen kulturellen Standard in städtischen Zentren über viele Jahrhunderte. Im Mittelpunkt kultureller Bildung islamisch geprägter Gesellschaften stand literarisches Wissen und Schaffen, die einen eindrucksvollen und schier unerschöpflichen Schatz an Werken hinterlassen haben. Der Kalligraf, der sowohl im Religiösen und im Weltlichen (und den ganzen Zwischenebenen) Schrift und Sprache in wohlgefallende Form bringen konnte, genoss besondere Hochachtung. Ein guter Wesir oder Sultan wusste nicht nur „Zepter" und Schwert zu führen, sondern auch die Feder.

Die arabische Schrift ist eine sehr junge Schrift. Sie hat sich erst in der Spätantike im 4., 5. und 6. Jahrhundert entwickelt und sich mit der Geburt des Islams, mit dem Koran als

---

1 Nach einer persönlichen Notiz von Shahid Alam.

dem ersten Monument dieser Sprache, explosionsartig verbreitet. Die älteste monumentale arabische Inschrift findet sich so auch im Felsendom (692) in Jerusalem, dem ältesten erhaltenen islamischen Großbau. Die junge Sprache hatte zunächst wenige Schreibstile, wie das Hedschasi und das Kufi, Letzteres als kantige, anfangs asketisch einfache und klare Schrift, die man bis ins frühe 11. Jahrhundert fast ausnahmslos in Koranen und als Inschriften findet. Gleichzeitig war eine schnelle Schreibschrift in Gebrauch, die wir vor allem aus ägyptischen Verwaltungspapyri des 8. bis 10. Jahrhunderts kennen. Die Systematisierung der Schriftstile wird allgemein dem berühmten Kalligrafen und Minister am Bagdader Kalifenhof, Ibn Muqla (gest. 940) zugeschrieben. Sicherlich war er nicht der Erste, denn andere Kalligrafen im 8. und 9 Jahrhundert waren laut historischer Quellen um Ordnung bemüht. Ibn Muqla hat allerdings nicht nur die sechs wichtigen Schriftstile (al-Aqlam as-Sitta) definiert, er hat ein System zur Definition der Harmonien entwickelt. In welchem Verhältnis stehen Höhe und Breite eines Buchstabens zueinander? Wie lang und hoch darf ein Buchstabe für eine ausgewogene Schrift (al-Chatt al-Mansub) sein?

Der Kalligraf Ibn al-Bawwab (gest. 1022) hat dies weiter perfektioniert: Maßstab ist die Breite der Rohrfeder, mit der man schreibt. Wenn man mit einer Feder einen Strich zieht, hat dieser eine bestimmte Breite. Setzt man einen fast quadratischen Punkt, so entspricht die Länge der Breite des Strichs. Dies ist die Maßeinheit, die als Rhombus gesetzt wird. Jeder Buchstabe wird durch eine bestimmte Anzahl von übereinander oder nebeneinander gesetzten Rhomben in Höhe und Breite definiert. Jede Rohrfeder ist anders, sodass man mit der Auswahl des Schreibwerkzeugs schon festlegt, wie hoch ein Buchstabe sein darf und wie viel Platz der Text benötigt. Ein „Alif", der Anfangsbuchstabe des arabischen Alphabetes mit dem Lautwert „A", darf zum Beispiel zwischen fünf und sieben Rhomben hoch sein. Ist das „Alif" wesentlich kürzer oder länger, wird es von den meisten Betrachtern nicht mehr als wohlproportioniert und schön empfunden. Das Auge hat sich so an diese Proportionen gewöhnt, dass die Harmonie dieser Buchstaben einen hohen Stellenwert in der Ästhetik vieler muslimischer Gesellschaften hat. Auch die Schriftzeichen von Aatifi folgen diesen Harmonien.

Schrift hat sich entwickelt und immer weiter ausgeformt. Im Iran und in Afghanistan ist zum Beispiel ab dem 16. Jahrhundert ein „gebrochener" Stil, Schekaste, entstanden, der kaum zu lesen war, aber dynamische Schriftbilder erzeugte. Die ästhetische Erscheinung war wichtiger als die Lesbarkeit. Dies ist schon immer Teil der künstlerischen Praxis gewesen, doch „kanonisierte" nun Schekaste den Bruch mit gängigen Rechtschreibregeln. Im Laufe des 20. Jahrhunderts ging man einen Schritt weiter. Die globale Moderne des späten 19. und frühen 20. Jahrhunderts, die natürlich auch islamisch geprägte Länder erfasst hat, bedingte tief greifende Änderungen ästhetischer Praktiken. Viele klassische Kunstformen wandelten sich, viele gingen verloren. Nicht so die Kalligraphie, die besonders im Iran, aber auch Afghanistan und Pakistan, weniger in einigen arabischen Ländern und nur in kleineren Zirkeln in der Türkei, weiter gepflegt wurde (1928 ersetzte Atatürk das arabisch-osmanische durch das lateinische Alphabet). Traditionen hielten stand, jedoch nicht unverändert. Zum Beispiel wurden nun in der osmanischen Türkei Kalligraphien als große Bilder an die Wand gehängt. In der zweiten Hälfte des 20. Jahrhunderts wurde Schrift in der zeitgenössischen Kunst neu entdeckt, wie zum Beispiel in der Künstlerbewegung Saqqakhane im Iran oder durch zahlreiche Künstler in der arabischen Welt. Der früher in Beirut und nun in Berlin lebende palästinensische Künstler Kamal Boullata schrieb zum Beispiel 1978 in Rasterstreifen grafisch das Wort „Thawra" (Revolution). Form und Inhalt wurden frei gewandelt zum adäquaten künstlerischen Ausdruck der eigenen Lebenswirklichkeit. Nicht mehr Religion, nicht mehr schöngeistige Literatur, sondern direkte politische Aussagen wurden zum Gegenstand, Schrift wurde Grafik. Gleichzeitig verfolgten andere Künstler die Dekodierung des Wortes und die Auflösung der Form. Wörter oder Buchstaben wurden Elemente abstrakter Kunst. Der Sammelbegriff dafür ist Hurufiya, was man mit „Buchstaben-Bewegung" übersetzen könnte. Heute existieren zahlreiche Schulen, Auffassungen und Formen der Kalligraphie nebeneinander. Klassische Formen bis zu großen abstrakten Gemälden und Grafiken bis hin zu Calligraffiti lassen Raum für jede individuelle Ausdrucksform künstlerischen Schaffens.

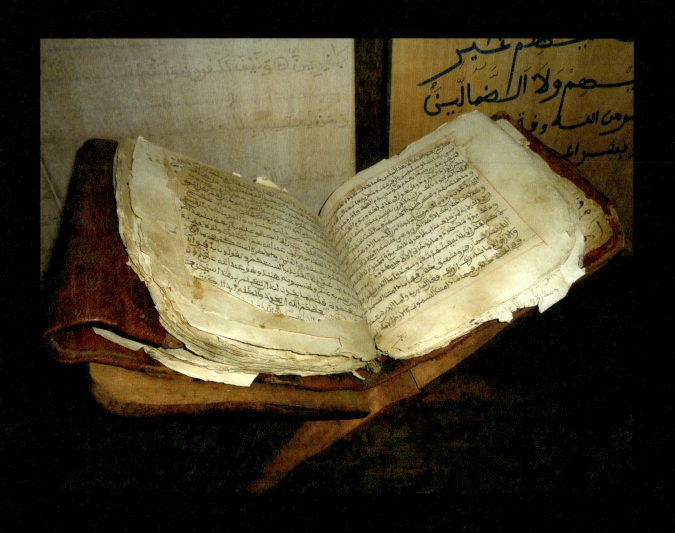

Alte Koranhandschrift aus der Großen Moschee in Paris

Die Geschichte des Korans zwischen schriftlicher Niederschrift und mündlicher Überlieferung

Michael Josef Marx

Das Vorhaben Corpus Coranicum der Berlin-Brandenburgischen Akademie der Wissenschaften hat es sich zum Ziel gesetzt, den Korantext historisch zu erforschen. Zu diesem Zweck publiziert das Vorhaben – neben einem chronologisch literaturwissenschaftlichen Kommentar und einer Datenbank spätantiker Vergleichstexte (Texte aus der Umwelt des Korans) – den ersten Online-Katalog früher Koranhandschriften. Der Befund aus den Handschriften wird durch die Erschließung der muslimisch überlieferten Textvarianten ergänzt, die in einer weiteren Datenbank des Vorhabens nach historischen Kriterien gesammelt werden. Die islamische Tradition, insbeondere die sunnitische Tradition, hält bis heute daran fest, dass die Lesarten von einer Kette von Gelehrten überliefert wurde und dass diese Überliefererkette bis zum Propheten selbst zurückreicht. Die Rolle der Handschriften wurden als Gedächtnisstütze verstanden.

Frühe Handschriftenfunde

Durch den Vergleich zwischen Lesarten und frühen Handschriften konnte das Vorhaben in den vergangenen Jahren 14 Handschriften naturwissenschaftlich (C-14-Messung) auf die Frühzeit des Islam datieren. Unter dieser Perspektive zeigt die Koranüberlieferung ihr faszinierend mehrschichtiges historisches Profil: Von den frühen Handschriften des 7. Jahrhunderts bis hin zu den bislang nicht systematisch erforschten Druckausgaben des 20. Jahrhundert lassen sich unterschiedliche Lesarten, Texteinteilungen, Verszählungen, Wortschreibungen, Schriftstile und Seitengestaltungen nachweisen. Man könnte sagen, dass die Textgeschichte des Korans 14 Jahrhunderte umfasst und auch in unserer Zeit lebendig bleibt. Ein Teil dieser Geschichte schlägt sich auch in der ästhetischen Dimension nieder: Auf der einen Seite in der kalligraphischen Gestaltung der Handschriften, die sich ab dem 8. Jahrhundert durchsetzt, auf der anderen Seite die schöngestaltete Lesung, die in den sprachwissenschaftlich-exegetischen Traktaten ab ca. 800 nachweisbar ist.

In welchem Umfang die Bewohner der westarabischen Orte Mekka und Medina Schrift- und Schreibmaterialien gekannt und verwendet haben, kann nicht mit Sicherheit gesagt werden. Begriffe wie qirṭās: „Papyrus", ṣuḥuf: „Schriftblätter", midād: „Tinte" oder qalam: „Schreibrohr" sind z.B. als Schreibmaterialien im Koran erwähnt. In der 2. Sure wird beim Abschluss von Verträgen schriftliche Fixierung verlangt. Nach Auskunft der islamischen Quellen lebte in Medina eine jüdische Gemeinde, die auch im religiösen Bereich Schrift und Schreibmaterialien verwendet haben dürfte. Bei einer Begegnung des Propheten mit den Juden von Medina, wie sie uns in der Prophetenbiographie überliefert wird, kommt es zu einem Streit über das Vorhandensein des Steinigungsverses in der Hebräischen Bibel. Bei der Begegnung soll der jüdische Gesprächspartner den entsprechenden Vers in der Tora-Schriftrolle verdeckt haben.

In einem Hadith (einer über den Propheten Muhammad überlieferten Begebenheit) ist davon die Rede, dass von einem Christen ein Kodex (arab. *muṣḥaf*) erworben wurde. Unter den Gefährten des Propheten soll es Schreiber gegeben haben, die auf Pergament und anderen Beschreibstoffen Texte der Verkündigung aufzeichneten. Als ihr bekanntester wird Zaid b. Ṯābit erwähnt, der nach einem Hadith vom Propheten aufgefordert wurde, die „Schrift der Juden" zu erlernen.

Auch die Verkündigung Muhammads hat sehr früh einen Bezug zum Medium Buch. Bereits in den frühen mekkanischen Suren (Sure 96:1–5) wird der Koran dadurch autorisiert, dass er als Rezitation eines himmlischen Buches dargestellt wird. Der Prophet rezitiert einen Text, der in schriftlicher Form bei Gott hinterlegt ist und der durch seine Stimme verkündet wird.

Gemeinsames Erbe

Die mekkanischen Suren enthalten eine Fülle von Themen, von denen die Ankündigung des Gerichts, an dem die Taten jedes einzelnen Menschen gerichtet werden, einen besonderen Platz einnimmt. In einer Sprache, die oft an die Psalmen erinnert, wird die Schöpfung Gottes beschrieben, der eine „zweite Schöpfung" folge, wenn das Jüngste Gericht über die Menschheit hereinbrechen wird. Der Mensch ist vor Gott Rechenschaft schuldig, seine Taten sind bei Gott verzeichnet und er muss sich seinem Schöpfer und Richter am Ende der Zeit stellen. In der 81. Sure werden z. B. im Himmel befindliche Schriften erwähnt, in denen die Taten der Menschen aufgezeichnet sind. Der Prophet selbst wird dabei in der Tradition biblischer Verkündiger gesehen, die vor dem Jüngsten Tag warnten und zum Glauben an den einen Gott aufriefen. Nach koranischer Auffassung wurden aus den biblischen Schriften bekannte Personen wie z. B. Abraham, Noah, Moses und Jesus, aber auch (nicht in der Bibel erwähnte) im arabischen Kontext anzusiedelnde Warner wie Hūd, Šuʿaib und Ṣāliḥ zu ihren jeweiligen Völkern und Stämmen gesandt, um zu Gottesglauben aufzurufen und vor dem Gericht Gottes zu warnen. Diese altarabischen Straflegenden beziehen sich auf untergegangene Städte und Stämme Arabiens, die die Warnung eines solchen Gottesgesandten nicht ernst genommen hatten. Die Vorstellung einer arabischen Umwelt, die neben Gott andere Gottheiten verehrt hat, spielt im Koran eine zentrale Rolle. Für die vorislamische Epoche Arabiens verwendet der Koran (in medinensischen Suren) den Begriff Ǧāhiliyya „Zeit der Unwissenheit" (Sure 3:154; 5:55; 33:33; 48:26), der die falschen Traditionen der vorkoranischen Epoche in einem plakativen Ausdruck bündelt. Der Bezug zur biblischen Geschichte wird ab den mittelmekkanischen und besonders in den medinensischen Suren zu einem prominenten Thema. Von Abraham heißt es, dass er die Kaaba, das mekkanische Heiligtum, gegründet (Sure 22:26-29; 2:27-129) und den Glauben an den einen Gott in Arabien verkündet habe.

Auch die Erwähnung von Moses und Christus, die als Vorläufer Muhammads angeführt werden, knüpft an die biblischen Berichte der Hebräischen Bibel und des Neuen Testaments an, wobei der Koran zwar in längeren Textabschnitten Teile der Mosesgeschichte (Sure 20) oder die Geschichte Marias, der Mutter Jesu Christi (Sure 19) erwähnt, sich zugleich der überkommenen Überlieferung von Christen und Juden abgrenzt. Die christliche Vorstellung von der Gottessohnschaft Jesu wird entschieden zurückgewiesen: Jesus ist nach dem Koran wie Muhammad auch lediglich ein Gesandter Gottes, ein Mensch, dessen Anhängerschaft eine unrichtige Theologie auf seinen Worten aufgebaut habe.

Die Sprache und die Themen des Korans lassen erkennen, dass die Umgebung Muhammads mit jüdischen und christlichen Traditionen vertraut war. Anhand von archäologischen Funden lässt sich bisher keine christliche und jüdische Präsenz in Mekka oder Yathrib nachweisen, interessanterweise enthält die islamische Geschichtsschreibung jedoch eine Fülle von Angaben über die jüdischen Stämme in Medina und der Historiker al-Azraqī (gest. 837) spricht von christlichen Motiven und einem Marienbild im Innenraum der Kaaba. Die 114 Suren des Korans, die über einen Zeitraum von mehr als 20 Jahren verkündet wurden, spiegeln also auch die Entstehung der islamischen Gemeinde und die Auseinandersetzung mit den vorherrschenden religiösen Traditionen wider.

Die ausführliche Erwähnung biblischer Geschichten, Gesetzestraditionen und der Eschatologie führt uns vor Augen, wie stark sich die Argumentation des Korans auf Inhalte der benachbarten Traditionen bezieht, die offenbar in Arabien präsent waren. Auch die altarabische Vergangenheit kommt, vor allem in den mekkanischen Suren, zum Vorschein. Auf den Feldzug des äthiopischen Gouverneurs Abraha wird in Sure 105 angespielt: Gott hat den Mekkanern seine Gnade erwiesen, indem er den Eroberungsversuch scheitern ließ. Der in Mekka siedelnde arabische Stamm der Quraisch und deren Karawanenhandel mit dem Norden und dem Süden Arabiens wird in Sure 106 erwähnt, ebenfalls als ein Zeichen göttlicher Gunst.

Verschiedene Lesarten
Der Koran, der uns heute als Buch vorliegt, hatte zur Zeit der Verkündigung durch Muḥammad selbst noch nicht die Form eines Kodexes. Der Text hatte in der ersten islamischen Gemeinde anscheinend eine liturgische Funktion und Korantexte wurden bei Gebeten rezitiert. Die besondere sprachliche Ästhetik des Textes ist ein besonderer Wesenszug des Korans in den Augen der Tradition – auch im Hinblick auf die jüdische und christliche Tradition, in der die Rezitation der heiligen Texte bekannte liturgische Praktiken darstellt, die sprachliche Ästhetik des Textes selbst jedoch fast keine Rolle spielt. Die ästhetische Dimension des mündlichen Vortrags spiegelt sich auch im islamischen Verständnis der Textüberlieferung wider. Der Koran gilt als ein ursprünglich mündlicher Text, der eigentlich auch mündlich weitergegeben werden soll. Der mündliche rezitatorische Charakter gilt in der islamischen

Tradition also als das Idealbild der Überlieferung, was aber nicht in Widerspruch zu der Tatsache steht, dass man Wert darauf legt, dass der Text früh von den Gefährten des Propheten schriftlich fixiert wurde.

Als erster präzise datierter Nachweis längerer koranischer Texte kann das Schriftmosaik im Jerusalemer Felsendom, der 691 durch den Kalifen ʿAbd al-Malik (reg. 685–705) erbaut wurde, gelten. Das Mosaikband in kufischem Schriftstil, das sich zwischen Kuppelumlauf und Oktogon befindet, enthält eine Zusammenstellung von Versen, die unterschiedlichen Suren des Korans entnommen sind und in denen die theologische Auseinandersetzung mit der Person Christi thematisch hervorsticht. Pergamenthandschriften des Textes lassen sich bereits einige Jahre früher ansetzen, können aber in keinem Fall genau datiert werden.

Zu den ältesten Textfunden gehören einige der in Sanaʿa 1970 entdeckten Handschriften. Die ältesten Pergamentseiten unter ihnen werden anhand ihrer Schriftformen paläographisch der zweiten Hälfte des 7. Jahrhunderts zugeordnet. Der in diesen und vergleichbaren Handschriften auftretende Schriftstil wird heute als Ḥiǧāzī-Schriftstil bezeichnet. Außer den jemenitischen Funden sind weitere Handschriftenfragmente bekannt, die heute in nahöstlichen und europäischen Sammlungen aufbewahrt werden und ursprünglich wahrscheinlich aus Kairo und Damaskus stammen. Zu den ältesten Handschriften überhaupt gehört eine Palimpsesthandschrift aus Sanaʿa auf Pergament, von der ca. 30 Blätter erhalten sind. Unter der heute sichtbaren oberen Schicht, die in einem Schriftstil der ersten Hälfte des 8. Jhs. geschrieben ist, konnte eine zweite ausgewaschene Schrift nachgewiesen werden, die ebenfalls Korantext enthält. In dieser archaisch anmutenden Schrift liegt einer der frühesten Nachweise des altarabischen Schriftstils auf Pergament vor. Die Auswertung der unteren Schicht ließ eine frühere Stufe arabischer Orthographie erkennen, darüber hinaus auch Lesarten (arab. qirāʾāt), wie sie die islamische Traditionsliteratur schildert.

Bereits zur Zeit des Propheten, so teilen uns die islamischen Quellen mit, wurden von den Gefährten gelegentlich unterschiedliche Wortlaute einer Textstelle überliefert. Durch die schnelle geographische Ausdehnung des arabischen Reiches wurde die Verbreitung verschiedener Lesarten in den Schulen von Medina, Damaskus, Hims, Kufa und Basra und darüber hinaus sicher beschleunigt. Den Umayyaden waren diese Prozesse bereits bewusst, als der Kalif ʿAbd al-Malik durch seinen Gouverneur

Palimpsest Sanaa DAM 01-27.1, fol. 23B, Foto: „De l'antiquité tardive à l'islam" ANR (Christian J. Robin)

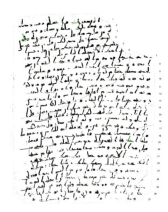

Palimpsest Sanaa DAM 01-27.1, fol. 23B, graphische Rekonstruktion der ausradierten Textschicht: Hadiya Gurtmann

al-Ḥaǧǧāǧ b. Yūsuf (661–714) die Orthographie des Korantextes von staatlicher Seite kontrollieren ließ. Erst im 10. Jh. konnte in Bagdad der Gelehrte Ibn Mujahid (gest. 936) ein System von sieben Lesungen durchsetzen, die für den öffentlichen Gebrauch des Textes in Gebet und Rezitation maßgeblich sein sollten, ohne allerdings alle anderen Lesarten auszuschließen.

Diese Varianz ist auch in der heutigen islamischen Welt noch zu beobachten, wenn in der Lesart des Hafs (Naher Osten, Arabien, Türkei, Iran, Indien, Zentral- und Ostasien) in Sure 19, Vers 19 der Engel zu Maria spricht: li-ʾahaba laki ġulāman ("damit ich dir einen Jungen [Jesus] schenke.", während er in der Lesart des Warsh (Nord- und Westafrika) sagt: li-yahaba laki ġulāman ("damit er [Gott] dir einen Jungen [Jesus] schenke." (Abb. Druckausgabe Marokko Q 19, 19). Die Kunde von solchen verschiedenen Lesarten gehört seit den Anfängen zum Curriculum der islamischen Wissenschaften.

Kalligraphische Traditionen bis heute lebendig

Über die Jahrhunderte hinweg haben sich in der ganzen islamischen Welt sehr unterschiedliche kalligraphische Traditionen entwickelt. Für den Nahen Osten waren es besonders die im Osmanischen Reich verbreiteten Schriftstile, welche die kalligraphische Gestaltung der Koranschreibung geprägt haben, vor allem der *nasḫī* genannte, feine und schwungvolle Duktus, auf dem die modernen arabischen Druckschriften basieren. Bis in die heutige Zeit ist die Tradition der Kalligraphie lebendig geblieben: Alle heute in der islamischen Welt verbreiteten Druckausgaben des Korans folgen der überlieferten kalligraphischen Form der arabischen Schrift.

Auch nachdem 1729 in Istanbul eine erste Druckerpresse für die arabische Schrift in Betrieb genommen und die Drucktechnik für Muslime im Osmanischen Reich eingeführt wurde, sollte es noch ein weiteres Jahrhundert dauern, bis der Text des Korans dort gedruckt wurde. Innerhalb des Osmanischen Reiches hatte es zuvor nur Druckerpressen der christlichen und jüdischen Kommunitäten gegeben. Außerhalb der islamischen Welt wurde erstmalig 1537/38 in Venedig ein Typendruck des Korantextes erstellt, um ihn im Osmanischen Reich zu verkaufen. Das Unternehmen scheiterte, als die osmanischen Behörden die vielen Fehler vor allem bei den Vokalisierungen bemerkten. Im Russischen Reich finanzierte im Jahr 1787 die russische Zarin Katherina II. einen Druck des Korans in St. Petersburg.

In Westeuropa wurde vom Hamburger Theologen Abraham Hinckelmann (1652–1695) unter dem Titel *Al-Coranus sive Lex Islamitica Muhammedis, Filii Abdallae, Pseudoprophetae* ein arabischer Korandruck erstellt. Er stellt die Grundlage für jenen dar, den der sächsische Arabist Gustav Flügel (1802–1870) in Leipzig anfertigte und der zum Referenztext für die westliche Orientalistik wurde.

Druckausgabe Kairo 1924 Q 19, 19

Druckausgabe Marokko, 1417 AH, Q 19, 19

Auch wenn oft geschrieben wird, dass es sich beim Kairiner Druck von 1924, der 1919 vom ägyptischen König Fu'ad in Auftrag gegeben und von einer Kommission von Gelehrten der al-Azhar-Universität vorbereitet wurde, um den ersten islamischen Typendruck gehandelt habe, ist dies nicht richtig. Bereits vor dem Ersten Weltkrieg war der Text des Korans in Kairo (Bulaq 1882) als Typendruck hergestellt worden. Die Kairiner Ausgabe von 1924 war jedoch gar kein Typendruck, sondern es handelte sich hier um eine Art Offset-Druck (in Linotype-Technik). Die als „Kairiner Druck" bezeichnete Ausgabe wurde 1924 im Landvermessungsamt in Gizeh hergestellt und hat für die Druckgeschichte des Korans neue Maßstäbe gesetzt. Durch die Publikationen des deutschen Arabisten Gotthelf Bergsträßer (1886–1933), der um 1930 an der Ägyptischen Universität (heute: Cairo University) unterrichtete, wurde der offizielle ägyptische Koran in Europa bekannt und löste als Referenzausgabe den Flügel'schen Druck ab. Die ägyptische Ausgabe zeichnet sich durch eine exakte Vokalisierung und Versnummerierung aus. Auch die Rezitationsregeln, etwa Angaben darüber, wie bestimmte Laute miteinander verbunden werden sollen, sind durch zusätzliche Zeichen angezeigt. Spezielle Pausenzeichen geben z.B. an, an welcher Stelle es verboten, abgeraten, erlaubt, empfohlen oder befohlen ist, bei der Rezitation des Textes anzuhalten. All diese Zeichen sind allerdings nicht erst mit dem Kairiner Druck erfunden worden, die ägyptische Kommission griff auf bereits bestehende, im Osmanischen Reich verbreitete Textzeichen zurück und wendete diese hier systematisch auf den Druck der dort üblichen Lesart des Hafs 'an 'Asim an. Die ägyptische Ausgabe wurde seit 1924 zahlreiche Male innerhalb und außerhalb Ägyptens nachgedruckt, wobei bei den Neuauflagen kleinere orthographische Zeichen verändert bzw. vereinheitlicht wurden. Die Orthographie, d.h. die Verwendung der Buchstaben, die alle zunächst Konsonanten sind, wurde von den ägyptischen Gelehrten nach den Koran-Orthographie-Traktaten der Gelehrten al-Dānī (gest. 1052) und Ibn Naǧāh (gest. 1109) bestimmt, Koranhandschriften selbst wurden nicht als Textgrundlage verwendet.

Druckausgabe Medina, 1420 AH, Q 19, 19

Durch diesen Schritt bekannte sich die Kairiner Fassung zu den Autoritäten der klassischen Periode und setzte sich von den osmanischen, indischen, persischen und anderen Entwicklungen ab, welche die Orthographie des Korantextes im Lauf der Jahrhunderte gelegentlich an den Standard der klassischen arabischen Sprache angepasst hatten.

In Medina wird seit den 1980er Jahren der offizielle saudische Koran durch den King Fahd Complex For The Printing Of The Holy Quran (arab: *Muǧammaʿ al-Malik Fahd li-ṭibāʿat al-muṣḥaf aš-šarīf*) gedruckt, der 1984 vom saudischen König eingeweiht wurde. Nicht nur der arabische Text, sondern auch Übersetzungen in mehr als 30 Sprachen werden hier seitdem gedruckt. Die Orthographie des Druckbildes folgt der Kairiner Ausgabe, die durch den syrischen Kalligraphen ʿUṯmān Ṭāhā (geb. 1935) neu geschrieben wurde.

In der heutigen Zeit sind vier Lesarten üblich : (1) Hafs ʿan ʿAsim (in den asiatischen Ländern und in Ägypten) (2) al-Durī nach Abū ʿAmr (Sudan, Somalia, Äthiopien u.a.), (3) jene des Warš nach Nāfiʿ (Algerien, Marokko, Mauretanien, Niger, Mali, Westafrika, Nigeria u.a.) und (4) die des Qalun nach Nafiʿ (Libyen, Tunesien). Auch wenn seit der zweiten Hälfte des 20. Jhs. in fast allen islamischen Ländern eigene Korandrucke erstellt werden, kann der medinensische, der in seinen verschiedenen Ausgaben kostenlos weltweit verbreitet wird, als einflussreichste moderne Druckausgabe gelten.

Die arabische Schrift und Sprache haben, abgesehen von Steininschriften aus dem 5. und 6. Jahrhundert, im Koran ihr erstes literarisches Denkmal erhalten. Auch wenn zu Lebzeiten des Propheten dieser Text noch keine endgültige schriftliche Fixierung erfahren hatte, lässt sich die Textgeschichte in Pergamenten und Inschriften bis auf wenige Jahrzehnte nach Muhammads Tod (632) zurückverfolgen. Die Schreiber des Propheten hatten ihn bereits schriftlich festgehalten, aber erst durch die Sammlung des Textes von Seiten des Kalifen ʿUtmạn b. ʿAffān (gest. 656) und einer ersten Standardisierung unter dem Kalifen ʿAbd al-Malik (646–705) wurden die in den Anfängen noch vielgestaltigen Textformen immer stärker in eine einheitliche Form gebracht. Dabei ist zu beachten, dass die schriftliche Überlieferung gegenüber der mündlichen Tradition bei den islamischen Gelehrten eine deutlich geringere Bedeutung hatte. Auch wenn der Text des Korans sehr früh schriftlich vereinheitlicht wurde, boten mehrdeutige Schriftzüge weiterhin Raum für unterschiedliche Ausdeutungen. In der rasch expandierenden islamischen Welt prägten sich seit dem 7. Jh. unterschiedliche Rezitationssysteme aus. Wie erwähnt konnte erst im Bagdad des 10. Jhs. Ibn Mujahid ein System von sieben für den öffentlichen Vortrag bestimmte Varianten durchsetzen.

„Hörbare Kalligraphie" – zur Ästhetik der islamischen Spiritualität

Der Bereich der islamischen Spiritualität wird durch die rezitierte, schön gelesene, mündliche Form des Textes (arab. taǧwīd) eingenommen. Kalligraphie und Schriftornamente haben dabei die sakrale Sphäre durch die arabische Schrift (und ihre Kalligraphie) seit den Anfängen geprägt. Das islamische Gebet, kollektiv oder individuell, sieht neben bestimmten Gebetsformeln stets die Rezitation eines Textabschnitts aus dem Koran vor. Das Ablesen aus einem Buch ist dabei nicht vorgesehen und würde bei den Pflichtgebeten aus muslimischer Sicht befremdlich wirken. Verglichen mit jüdischen oder christlichen Liturgien, in denen aus der Tora-Schriftrolle bzw. einem Lektionar gelesen wird, kommt der islamische Kultus ohne die materielle Gegenwart des Buches aus. Dies mag auf den ersten Blick verwundern, da sich die Muslime selbst mit Juden und Christen in der Tradition der Schriftbesitzer (arab. ʾahl al-kitāb) verorten. Wie ist nun diese auffällige Abwesenheit des Buches im islamischen Gebet und Kultus zu erklären? Der Korantext, den man in seiner Buchform als muṣḥaf bezeichnet, führt auf Verkündigungen Muhammads zwischen 610 und 632 zurück, die nicht in der Weitergabe eines Buches, sondern in der mündlichen Vermittlung eines Textes bestand.

Das erste historische Medium des Korans ist also, wenn man es unter kommunikationswissenschaftlichem Aspekt betrachtet, nicht die Schrift, sondern die Stimme des Propheten. Der in arabischer Sprache verkündete Text wurde zunächst vorgetragen und von der ersten Gemeinde gehört, aber auch nachgesprochen (rezitiert). Die islamische Textüberlieferung mit ihren heute noch verbreiteten Lesarten führt sich über eine Kette von 30-40 Generationen über 1400 Jahre zurück auf die Ur-Rezitation durch den Propheten selbst. In der Rezitation des Korantextes liegt für die Muslime die Erinnerung und die Vergegenwärtigung einer mündlichen Verkündigung. Im Mittelpunkt islamischer Spiritualität steht so nicht der schriftlich fixierte, sondern der hörbare, akustisch erlebbare, in seiner Klangform über die Generationen überlieferte Text.

Stellt man sich den kunstvoll rezitierten Text als Umsetzung der schriftlich fixierten Kalligraphie vor, könnte man von „hörbarer Kalligraphie" sprechen. Umgekehrt könnte die schöngestaltete Seite als „sichtbare Rezitation" des Textes verstanden werden. Da die Gestaltung islamischer sakraler Räume bildliche Darstellungen von Lebewesen stets vermieden hat, haben sich Ornamentik und Kalligraphie besonders entfalten können. So paradox es klingt: Die islamische Ästhetik in sakraler Architektur und religiösen Texten verdankt sich einem Bilderverbot im sakralen Bereich. Dieses Paradox rückt den Koran auf eine zentrale Stufe in der islamischen Religion, er ist ästhetisch ausgestaltet, aber gilt nicht als Kunstwerk im üblichen Verständnis des Begriffs.

Aus historischer Perspektive würden wir die Kalligraphie durchaus als Kunstwerk, als islamische Kunst verstehen, genau so wie wir die kunstvolle Rezitation des Textes musikwissenschaftlich beschreiben können und eine Rezitation in Notenlinien abbilden können. Dieser sehr nüchterne Zugang ist aus islamisch-theologischer Sicht eher unüblich. Hier hat die Innenperspektive der medialen Gestaltung des Korantextes Ähnlichkeiten mit der Wahrnehmung von Ikonen in der christlich-orthodoxen Tradition. Eine russisch-orthodoxe Ikone würde von vielen als gemaltes Kunstwerk wahrgenommen werden, aus Sicht der orthodoxen Tradition selbst bleibt sie ein Text, der die christliche Botschaft enthält. Nach dieser Perspektive werden Ikonen geschrieben und nicht gemalt, wie es im orthodoxen Sprachgebrauch üblich ist: Andrei Rublev ist kein Ikonenmaler sondern ein „Ikonenschreiber".

Da nach islamischem Verständnis der Text selbst offenbart wurde, steht auch in der Innenperspektive die Textüberlieferung – wenn auch nur indirekt – mit Gott in Verbindung. Diesem Verständnis kann die wissenschaftliche Perspektive natürlich kaum gerecht werden. Die Dokumentation der verschiedenen Formen und Gestalten der schriftlichen Textüberlieferung des Korans führt uns dennoch eine beeindruckende schriftliche Tradition vor Augen, die von medialen und ästhetischen Überlegungen unterschiedlichster Art geprägt war und ist. Dass die historische Sichtweise der Dinge Tendenz hat, die Dinge nüchtern darzustellen, schränkt die Faszination an der vielschichtigen Formengeschichte des Korantextes dabei keineswegs ein.

Der Koran: Gottes Wort – Menschenwort?

Ender Cetin

Der Koran, wörtlich „das oft Gelesene", „die Rezitation", ist für Muslime das authentische Wort Gottes, das dem Propheten Muhammed (Frieden und Segen auf Ihm) Wort für Wort in arabischer Sprache vom Engel Gabriel im Auftrage Gottes über einem Zeitraum von 22-23 Jahren Abschnitt für Abschnitt überbracht wurde. Es ist ein heiliges Buch, das seit seiner Offenbarung unverfälscht und vollkommen erhalten geblieben ist. Gelehrte verstehen den Koran als die urewige Übersetzung des großen Buches der Schöpfung oder als heilige Landkarte für die jenseitigen Welten. Er ist das Wasser und das Licht des Islams, was Hingabe in Gottes Willen bedeutet.

Jedes Geschöpf ist eine Aya (auf deutsch=Vers/Zeichen). Dies bedeutet, dass der Schreiber der Schöpfung Gott selbst ist, allerdings der Koran als Buch eine Art Zusammenfassung der Schöpfung darstellt. Sie ist eine Bedienungsanleitung für die Seele des Menschen.

Für Muslime ist er der wahre Lehrer und Wegweiser, der Rechtleiter, der die Menschen zur Glückseligkeit führt… .
Er ist für die Muslime ein Gebetsbuch und auch ein Buch der Weisheit, ein Buch des Gottesdienstes, ein Buch der Gebote und Einladungen, ein Buch des Gottesgedenkens, ein Buch des Nachsinnens. Auslegung

Für Muslimische Gelehrte ist der Koran in seinem Wortlaut nicht veränderbar. Gott selbst behütet den Wortlaut.

Allerdings erlaubt Gott, den Koran auszulegen. Er wünscht sich sogar die menschliche Auslegung, die allerdings nicht als heilig, sondern als eine mögliche Bedeutung zu verstehen ist. Die Koranexegese ist so alt wie der Koran selbst. Sogar der Gesandte Gottes und seine Gefährten legten den Koran – auch unterschiedlich – aus. Der Koran hat verschiedene Übersetzungsmöglichkeiten, die sich ergänzen können. Gott spricht durch den Koran manchmal ambivalent. Je nach Zeit und Ort unterschiedlich interpretierbar. Dabei gibt es einen roten Faden, durch den man erfährt – sobald man ihn bemerkt –, dass es doch keine Widersprüchlichkeit gibt.

Die Koranexegese ist eine sehr lebendige Wissenschaft unter den Islamwissenschaften. Hierbei spielen Wortlaute mit verschiedenen Bedeutungen, die Allegorie oder die Offenkundigkeit eine Rolle. Ferner gibt es auch Überlieferungen (in den sogenannten Hadithen), die über die Herabsendungsgründe einzelner Suren und Verse berichten. Dies ist bei der Exegese von großer Bedeutung, um die situative Bedingtheit eines Verses zu verstehen. Denn bei vielen Versen gibt es eine Vorgeschichte, ein Ereignis, zu dem als Lösung oder Antwort ein Vers gebracht wurde. Außerdem gibt es auch Koranische Verse, die wiederum von anderen koranischen Versen abrogiert (aufgelöst) wurden. Hinzu kommt, dass es für Muslime eine erhebliche

Rolle spielt, ob Verse im Koran in Mekka oder in der Stadt Medina offenbart wurden. Je nach dem geht man anders mit Versen um. Dies bedeutet im Umkehrschluss, dass man sich bei Übersetzungen und Auslegung an bestimmte Regeln halten sollte. Textstellen zu übersetzen, sie aus dem historischen Kontext zu ziehen und auf heute zu übertragen, bringt Probleme mit sich. Deshalb ist die „Koran Lesetechnik" nicht nur für das Original, sondern auch für die Interpretation enorm wichtig.

Die Rezitation
Im Alltag der Muslime spielt vor allem der Wortlaut, also die Rezitation aus dem Originaltext, eine wesentliche Rolle. Obwohl die meisten Muslime den Text nicht verstehen, empfinden sie dennoch beim Rezitieren etwas harmonisches, etwas göttliches. Der Korantext kann beruhigend und stressabbauend wirken. Es gibt interessanterweise regelrechte Rezitationsmeisterschaften und auch in der Alten-, und/oder Krankenpflege spielt bei vielen muslimischen Familien die Rezitation eine wesentliche Rolle. Bei Kindern wird sie gerne mit der Absicht eingesetzt, dass man durch das Wort Gottes eine Art „Schutzwand" für sie aufbaut. Auch bereits im Mutterleib soll das Kind durch Koranrezitationen „harmonisiert" werden. Schaut man sich medizinische Studien unter Muslimen an, wird deutlich, dass die Rezitation in der Heilpraktik tatsächlich etwas bewirken kann. Den Koran für Verstorbene zu rezitieren ist ebenfalls eine Empfehlung des Propheten. Man schenkt der verstorbenen Seele „Segensbriefe" und hilft ihr im Jenseits besser klar zu kommen.

Die Rezitation des Originals kann weder mit einer Gedichtrezitation noch mit einem Lied verglichen werden. Sie hat eine andere Form als Prosa und Lyrik und ist deshalb auch in der arabischen Literatur einzigartig. Dies ist der Grund, warum wir als Muslime im fünfmaligen rituellen Gebet den Originaltext rezitieren, auch wenn wir es vorerst nicht verstehen. Denn es geht vor allem um das Herz und die Harmonie im Gebet. Dennoch ist ein Gebet kraftvoller, wenn man es auch noch versteht. Daher der Wunsch, dass man zumindest die Texte, die man auswendig lernt, in der Bedeutung kennt.

Damals wie heute repräsentiert der Koran das höchste Niveau sprachlicher Ausdruckskraft und literarischen Stils und ist somit unnachahmlich. Dies ist umso beachtlicher, angesichts der Tatsache, dass Muhammed (Frieden und Segen auf Ihm) ein Analphabet war. Der Koran beschreibt dies folgendermaßen: „Sag: Wenn sich die Menschen und die Dschinnen zusammentäten, um etwas beizubringen, was diesem Koran gleich wäre, sie brächten nicht seinesgleichen bei, auch wenn sie einander Beistand leisten würden." (17:88)

Übersetzungen
Dass durch eine Übersetzung vieles der sprachlichen und stilistischen Wunder, als auch der Bedeutungsinhalte, verloren geht, muss nicht erwähnt werden. Dennoch reicht bei weitem der Originaltext nicht aus. Denn wenn der Schöpfer uns als Menschen einen „Liebesbrief" schreibt, so möchte doch der Mensch diesen Liebesausdruck verstehen. So gibt es eben Übersetzungen – übrigens auch schon seit

der Entstehung des Korans vor 1400 Jahren – mittlerweile in allen Sprachen, Schriften oder sogar in verschiedenen Dialekten. Fast jede Familie hat eine oder mehrere mögliche Übersetzung(en) des Korans zu Hause. Allerdings ist hierbei immer die Frage, ob sie denn auch gelesen wird. Der Originaltext als Liturgiesprache im Gebet wird sehr wohl häufiger in der gesamten islamischen Welt rezitiert. Ob über das I Phone oder als CD im Auto, bei Veranstaltungen oder eben im Gottesdienst. Der Korantext ist im Alltag präsent.

Hinter einer Übersetzung steht natürlich die Auslegung. Da vertraut man auf Experten, also auf Gelehrte, die den Koran auslegen. Es gibt allerdings von Marokko bis Indonesien – seit 1400 Jahren – etliche Auslegungen, die mal sehr dogmatisch, mal sehr mystisch, mal sehr formell oder sehr spirituell sein können. Manche Exegesen haben Schwerpunkte wie z.B. Propheten oder sogar Zahlenmystik. Andere wiederum versuchen den gesamten Koran mit den Überlieferungsketten des Gesagten der ersten Urgemeinde zu erfassen. Dies ist ein Reichtum und eine Vielfalt.

Der Prophet sagt: „Die unterschiedlichen Meinungen in meiner Gemeinschaft ist eine Barmherzigkeit Gottes". Sie ist erwünscht. Da man die Auslegungszeit selber auch mit dem historischen Auge betrachten muss, kann es verschiedene, schon längst überholte Auslegungen geben. Eine zeitgemäße Interpretation zu fördern wäre im Sinne der Gesellschaft, da sie viel weniger Konfliktpotential in sich trägt. In den meisten muslimischen Gesellschaften passiert das: Versuche von andauernden, neuen, möglichen Interpretationen. Ob dies immer in die muslimischen Gemeinden herunter sickert, ist eine andere Frage.

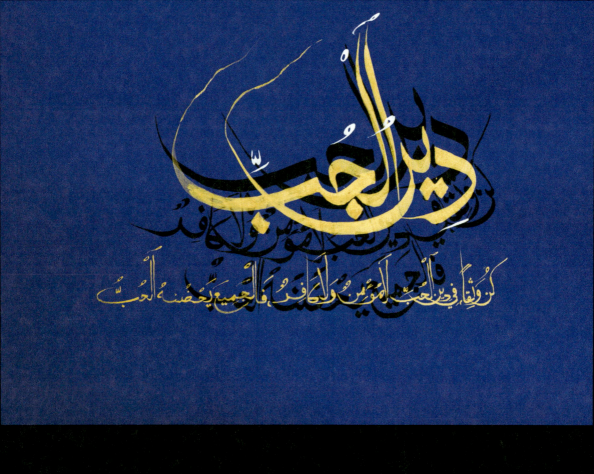

Religion der Liebe
„Seid sicher, in der Religion der Liebe gibt es keine Gläubigen und Ungläubigen; die Liebe umarmt alle." Rumi
Tusche und Tinte auf Kaharipapier; 70cm x 60cm; Stolberg 2016

„Einander Sehen" – Kalligraphie als Brücke des interreligiösen Dialogs

Predigt zur Eröffnung der Ausstellung
Ulrike Trautwein

Gott schenke Euch erleuchtete Augen des Herzens!
Liebe Schwestern und Brüder,
ich habe im Laufe der vergangenen Jahrzehnte viele Moscheen besucht und ihre Ausstattungen bewundert in Jerusalem, in Istanbul, hier in Berlin und für mich nach wie vor die allerschönsten im Iran, speziell in Isfahan. Besonders die Kacheln, die Fliesen mit den herrlichen Ornamenten haben es mir schon immer angetan. Nur mit der Kalligraphie, so muss ich hier gestehen, bin ich nie so recht warm geworden – unsere christliche Tradition der Bilder, die die biblischen Geschichten lebendig ausmalen, liegt mir normalerweise näher. Und genau aus diesem Grund hat mich die Einladung heute gereizt: Einander sehen! Die evangelische Kirche gilt als Kirche des Wortes und meint damit hauptsächlich das gesprochene Wort. Von dieser Tradition geprägt, blieb es bislang von meiner Seite eher bei einem respektvollen Bewundern dieser „fremden Schönheit". Andererseits, ist mir klar geworden, so fremd ist sie mir vielleicht gar nicht. Ein erster Zugang ist die Erinnerung an meine Konfirmandenarbeit. Wir haben unsere Konfirmandinnen mehrere Jahre lang gebeten, sich aus verschiedenen Versen und Texten der Bibel den eigenen Lieblingsvers herauszusuchen und ihn so schön zu schreiben und zu gestalten wie sie nur können. Dieser Prozess und das, was an Gestaltetem dabei heraus kam, das war jedes Mal beeindruckend für die Jugendlichen selbst und für alle, die diese, ja, ich nenne es Kalligraphien gesehen haben. So fremd ist mir diese „Schönheit" also gar nicht.

So betrete ich diesen Raum und bin beeindruckt von dem, was mir hier begegnet. Von dieser unglaublichen Schönheit des Wortes Gottes. Ich sehe viele Texte auf Arabisch. Wie faszinierend diese kunstvoll kalligraphierten Heiligen Worte dieser Welt sind: Alles verschieden, und doch in großer Verbundenheit. Eine Art Sinfonie von Farben und Bewegung. Kleine und große Buchstabenmosaike. Jedes für sich ein Kunstwerk. Und alles zusammen ein großes Ganzes, in dem jeder Buchstabe, jedes Wort seinen Platz hat.

Die Schönheit des Wortes Gottes, – sonst nehmen wir sie nur mit den Ohren wahr in den einzelnen Gotteshäusern unserer Stadt. Wenn sie uns jemand vorliest oder vorsingt. Oder wenn wir beten. Hier und heute können wir sie mit unseren eigenen Augen sehen. Die Schönheit des Wortes Gottes mit Texten aus drei Weltreligionen! Was für eine Chance!

Einander sehen: So entsteht in mir angeregt von dieser Ausstellung eine innere Kalligraphie von Grundtexten aus den drei Religionen, Grundtexte, die wir auch hier im Raum finden.

Es beginnt mit dem Judentum, dem Anfang der Bibel, mit der Tora. Hier findet sich der Text in arabischer Schrift, ich sehe ihn in hebräische Buchstaben vor mir in schön verzierter Quadratschrift und höre innerlich den Beginn der Schöpfungsgeschichte: „Bereschit bara Elohim et ha Schamajim w et ha Arez. Hajeta Tohu wua Wohu. W Choschech al Pnej Tehom. W Ruach Elohim merachefet al Pnej ha Majim" = „Im Anfang schuf Gott Himmel und Erde. Und die Erde war wüst und leer, und Finsternis lag auf der Tiefe; und der Geist Gottes schwebte über dem Wasser." Vor mir entfaltet sich die ganze Schönheit der Schöpfung. Wie Gott sie hervorgebracht hat. Ich sehe es vor mir: den Himmel, die Erde, die Meere, die Pflanzen und Bäume, die Sonne, den Mond, die Sterne, die Fische und die anderen Meerestiere, die Vögel, alle Arten von Tieren und... den Menschen: das Ebenbild Gottes. Ja, Gott bringt alles Leben hervor. Und er befindet es für „tov", für „gut". Das hebräische Wort „tov" hat aber eine umfassendere Bedeutung: Es kann sowohl ästhetisch schön als auch ethisch gut heißen. Beides passt hier, finde ich. Mit dem Wort „tov" beschreibt Gott die Schönheit seiner eigenen Werke. Und jeder Schöpfungsakt wird eingeleitet mit den Worten: Und Gott sprach.... Es werde - Gott erschafft das Universum, Gott erschafft die Erde durch sein Wort. Kraft seines Geistes. Und wenn diese Schöpfung „tov" ist, also schön und gut, dann ist sie das, weil sie entsprungen ist aus einer göttlichen Schöpfungskraft, die Fülle und Vielfalt hervorbringt. Weil sie entsprungen ist aus einem Gott der Freude an der Schönheit hat und ein Liebhaber des Lebens ist. Gott schafft durch die Schönheit seines Wortes und seines Geistes die Schönheit des Universums, die Schönheit der Erde. „Breschit bara Elohim et ha Schamajim w et ha-arez..." - „Im Anfang schuf Gott Himmel und Erde...". Ja, ich bin berührt vom Anfang der Tora, vom Anfang der Welt, berührt von dieser Schönheit.

Dann wandern meine Blicke weiter. Nun zu einem weiteren Grundtext. Jetzt sehe ich griechische Buchstaben vor mir. Schön geschwungene Minuskeln, also kleingeschriebene Buchstaben. Und ich höre den Beginn des Johannesevangeliums aus dem Neuen Testament, den Logos-Hymnus: „En archá än ho logos. Kai ho logos än pros ton theon": „Im Anfang war das Wort. Und das Wort war bei Gott". Und weiter: „Und Gott war das Wort.... In ihm war das Leben, und das Leben war das Licht der Menschen.... Und das Wort ist Fleisch geworden und wohnte unter uns." Hier ist es das griechische Wort Logos, an dem ich hängen bleibe. Denn Logos heißt Wort, Rede, aber auch Vernunft, Gesetz, göttlicher Geist. Am Anfang also - noch bevor die Welt erschaffen wurde, war dieser Logos schon bei Gott. Ja, er war ein Teil Gottes. Und dieser Logos ist nun Mensch geworden.

Der Theologe Johannes ist auch ein Philosoph. Und er nimmt mit dem Begriff Logos klar Bezug auf die Schöpfung des Universums und der Erde durch Gottes Wort und Geist. Und er beschreibt die Menschwerdung dieses göttlichen Geist-Wortes in Jesus Christus. Und das in nur ein paar griechischen Sätzen voller philosophischer Tiefe und poetischer Schönheit.

„En archä än ho logos" = „Im Anfang war das Wort". Und das Wort war bei Gott.... Und das Wort ist Fleisch geworden und wohnte unter uns.

Ja, der Anfang des Johannesevangeliums beeindruckt mich immer wieder. Großartig: Die Schönheit des Wortes Gottes wird Mensch und berührt die Herzen der Menschenkinder. Aber nicht nur das sie begegnet ihnen auf Augenhöhe, fasst sie an, lässt sich selber anfassen und sogar anfeinden, teilt ihr Leben und gibt ihnen Anteil an seinem. Die menschgewordene Schönheit des Wortes Gottes: Jesus bringt Glauben und Erkenntnis, Leben und Licht.

Ich gehe weiter, komme zum dritten Grundtext. Jetzt sehe ich arabische Schriftzeichen vor mir. Sie sind mir fremder, ich kann sie nicht so lesen wie die anderen. Doch gerade deshalb kann ich ihre Schönheit erst einmal umso mehr auf mich wirken lassen und genießen. Die Buchstaben – für mich schwer auseinander zu halten – so kunstvoll sind sie verziert. Ich spüre auch hier ihre große Kraft und kann sie erkennen, die Eröffnungssure des Koran: Al-Fatiha: „Bismillahi Al Rahman Al Rahim Al Hamdu lillahi Rabbi al Alamin. Al Rahman al Rahim".

„Gelobt sei Gott, der Herr der Weltbewohner. Der All-Erbarmer, der All-Barmherzige". Und weiter heißt es in der Sure: „Der Herrscher am Tag des Weltgerichts. Dir wollen wir dienen, Dich bitten wir um Hilfe. Führe uns auf dem rechten Weg. Den Weg derer, denen Du huldvoll bist. Über die nicht gezürnt wird, die nicht irregehen."

Auch hier die Schönheit und Poesie der Worte! Gott ist derjenige, der über die Erde und die Menschen regiert mit Nähe und mit Erbarmen. An einer anderen Stelle des Koran heißt es, dass Gott-Allah seinen Menschenkindern näher ist als ihre Halsschlagader. Er liebt seine Geschöpfe. Wenn sie sich an ihn wenden, dann führt er sie auf dem richtigen Weg, vergibt ihnen. Er ist barmherzig. Barmherzig im Übermaß.

Ich betrachte diese Worte respektvoll. Man kann lange über sie meditieren über diese Spannung von Gott dem Erbarmer auf der einen Seite – und Herrscher des Weltgerichts auf der anderen Seite. Diese Sure ist mir nicht fremd in ihrer Sehnsucht nach einem Gott, der sich uns zeigt und uns den Weg zu einem gelingenden Leben weist.

Nach meinem ausführlichen Blick auf diese drei Grundtexte, auf die „fremde Schönheit" der verschiedenen Kalligraphien, öffnet sich mir immer mehr die Tiefe der Bedeutung des aus dem Griechischen stammenden Wortes Kalligraphie – Schön-Schrift: Du rezitierst das Wort Gottes. Du hörst es. Und dann überträgst du die Schönheit des göttlichen Wortes ins Visuelle. Du machst sie sichtbar. Du machst sie zur „Musik für die Augen." wie der Gottesdienst heute so treffend überschrieben ist. Das geschieht hier in diesem Raum. Die Schönheit des Wortes Gottes nimmt Gestalt an. Jetzt schaue ich wieder in das Kaleidoskop von „Gottes Poesie in der Schrift". Und sie faszinieren mich alle diese verschiedenen Texte in ihrer künstlerischen Ausgestaltung.

Ein weiteres Bild taucht in mir auf, gewinnt Gestalt, ein Hoffnungsbild: Ich sehe eine Brücke aus tausenden von Buchstaben in allen Sprachen. Es ist eine große Brücke. Sie ist „zum Himmel und zum Licht hin offen." Auf ihr wandeln Menschen vieler Kulturen und Religionen hin und her. In bunten Gewändern aller Art. Friedlich und freundlich sehen sie einander an. In gegenseitiger Bewun-

derung lesen und rezitieren sie gemeinsam ihre Heiligen Schriften. Und oben auf dem höchsten Punkt der Brücke steht geschrieben: Im Anfang schuf Gott Himmel und Erde. Und die Erde war wüst und leer. Und der Geist Gottes schwebte über dem Wasser... Im Anfang war das Wort. Und das Wort war bei Gott... Und das Wort ist Fleisch geworden und wohnte unter uns.... Gelobt sei Gott, der Herr der Weltbewohner. Der All-Erbarmer, der All-Barmherzige.... Ich sehe, wie die Sätze sich miteinander verflechten... Sehe, wie die Sprachen ineinander übergehen: hebräische, griechische, arabische, lateinische Buchstaben und Schriftzeichen noch vieler anderer Sprachen.... Ein lebendiges, ein bewegliches Bild, das sich immer weiter entfaltet.
In den christlichen Kirchen gehen wir auf Pfingsten zu, in zwei Wochen ist es soweit. Pfingsten ist das Fest an dem wir das Ende der Sprachverwirrung und der Verstrickung ins Eigene feiern. Und dieses Hoffnungsbild von der Brücke aus tausenden Buchstaben und Sprachen lässt mich noch ein Fest von einer ganz anderen Dimension erwarten: Ein entgrenztes Fest, ein Fest für das die Worte noch gefunden werden müssen! Es mag uns jetzt in dieser zerstrittenen und unberechenbaren Welt weit entfernt erscheinen. Aber es existiert schon in vielen besonderen Momenten. Es wird uns gegenwärtig: An Orten an denen Verständigung gelingt, überall dort, wo Vielfalt sein darf, wo nicht Angstbilder von - und gegeneinander entworfen werden, sondern gerade die Schönheit und Tiefe der anderen entdeckt wird. Überall da, wo solches geschieht, verändert sich etwas. Wer sich empfänglich zeigt und sich beeindrucken lässt von der Schönheit der Buchstaben - ich bin überzeugt - der wird auch seine Worte anders wählen mit denen er über andere Menschen, andere Religionen, andere Kulturen spricht. Dann gehen Ethik und Ästhetik Hand in Hand. Wo das alles geschieht, da leuchtet schon etwas auf von diesem neuen Fest und unsere Gegenwart wird „zum Himmel und zum Licht hin offen". Amen.

Bild und Bildverbot in Judentum und Islam

Andreas Goetze

Wir leben in einer bilderbestimmten Welt, emotional, sinnlich, nicht nur äußerlich, wir erzeugen auch ständig innere Bilder. Doch Bilder sind mehrdeutig, mehrschichtig, manipulierbar, missbrauchbar. Schnell mache ich mir vom anderen ein Bild: „Typisch, das musste der ja so sagen …!" Und schneller als ich denke, habe ich den anderen in eine Schublade gesteckt. Das Bild, das ich mir vom anderen gemacht habe, verfehlt ihn. Denn er kann auch anders, das lasse ich außer Acht. Das Bild stiehlt ihm die Zukunft, indem ich ihn festlege: „So bist du eben!". Damit steht allerhand auf dem Spiel: Die Wirklichkeit des Nichtbekannten, die Freiheit, eben das, was nicht zu berechnen, zu fixieren ist, das Geheimnis der Person, das, was mir bleibend entzogen ist.

„Unsere Meinung, dass wir das andere kennen, ist das Ende der Liebe", schreibt Max Frisch in „Stiller". „Weil unsere Liebe zu Ende geht, weil ihre Kraft sich erschöpft hat, darum ist der Mensch fertig für uns. (…) Wir kündigen ihm die Bereitschaft, auf weitere Verwandlungen einzugehen. Wir verweigern ihm den Anspruch alles Lebendigen, das unfassbar bleibt, und zugleich sind wir verwundert und enttäuscht, dass unser Verhältnis nicht mehr lebendig sei." Einerseits: „Ein Bild sagt mehr als tausend Worte". Bilder können auf das Wesentliche hinlenken. Die Ikonenmalerei gibt darüber beredt Zeugnis. Andererseits: „Du sollst dir (von mir) kein Gottesbild machen und keine Darstellung von irgendetwas am Himmel droben, auf der Erde unten oder im Wasser unter der Erde" (2. Mose 20,4). Denn Bilder sind wirkmächtig, davon war man im Alten Orient überzeugt. Man schrieb den Amuletten, Kultbildern, Statuen eine magische Wirkung zu. Auf wunderbare Weise könnten sie vor dem Bösen bewahren oder durch die Herstellung solcher Figuren könne man sich die Gottheit, die in dem Bildnis repräsentiert ist, gnädig stimmen. Das hebräische Wort „päsäl", das im 2. Gebot verwendet wird, meint solche Art Skulpturen und Kultbilder (P. Welten). Wesentlich geht es um Macht, genau genommen um die Bestreitung der Macht anderer Götter außer dem Gott Israels.

Judentum: „Gott ist, weil er wirkt"

Die prophetischen Religionen wie Judentum, Christentum, Islam und die Religion Zarathustras zeichnen sich dadurch aus, dass sie dem Wort vor dem Bild Vorrang geben und der Bilderverehrung wehren. Das 2. Gebot im Dekalog gehört zu den Geboten der so genannten linken Tafel, denen es um die Wahrung der Gottheit Gottes geht. Doch dem Gebot geht es auch um den Menschen, der davor bewahrt werden soll, der Versuchung zu erliegen, sich an einen selbst gemachten Gott zu verlieren (M. Weinrich). Gottes Wesen ist nach rabbinischer Tradition nicht zu erfassen. Umso mehr wird Gottes Wirken betont, durch das der Mensch Gott erkennen kann. In diesem Sinn sind alle Namen Gottes nicht willkürlich: „Ich werde nach meinem Wirken benannt", führt ein Midrasch zu Ex. 34,6 aus. Und Gott ist, weil er nicht fern vom Menschen existiert (Midrasch Gn Rabba zu Gen. 24,3): „Falls ihr mich sucht, ich bin bei meinen Kindern" (so spricht Gott zu den Engeln im Midrasch Sifré). Der Name wird so zur Umschreibung für Gott selbst, der dabei aber immer noch der „ganz Andere" bleibt, ein Geheimnis, dem ich mich nicht bemächtigen kann. So sprechen fromme Juden den Namen Gottes nicht aus, sondern sagen: „Ha-Shem" (Hebräisch: „der Name") oder „Adonai" („der Herr").

So schützt das Bilderverbot davor, eine bestimmte Vorstellung, ein bestimmtes Bild absolut zu setzen. Die Wahrheit des Bilderverbots ist die Wahrheit, dass wir die Wahrheit nicht „haben", dass sie uns nicht verfügbar ist. Nur das, über das ich verfüge, was ich beherrsche, kann ich mir gewogen machen. Gott dagegen fordert Vertrauen und Gehorsam. Du sollst Dir kein Bildnis machen – man könnte ergänzen: sondern auf die Bilder achten, in denen Gott in eine Beziehung zu Dir getreten ist. Denn nicht wir begegnen Gott, sondern Er begegnet uns (nach 2. Mose 33,18-34,7). Das ist die Grundüberzeugung der ganzen biblischen Tradition (E. Zenger).

Das Volk Israel soll sich an JHWH, an „Ha-Shem" halten, weil er allein der Lebendige ist, wirkmächtig in seiner Schöpfung und den Menschen zugewandt. Die „Schechina", die Gegenwart Gottes in der Welt, so lehren die Rabbinen, ging mit Israel nach Ägypten und in jedes andere Exil und kehrte mit Israel zurück in das Land der Verheißung.

Daher sollen die Gläubigen keine „päsäl" anfertigen noch sich vor ihnen niederwerfen, denn das verdirbt diese mitgehende, dynamische Gottesbeziehung.

Doch so einheitlich, wie es von dem Gebot zu erwarten wäre, ist die hebräische Bibel nicht. Diese grundsätzliche Form der Kritik wurde vermutlich erst im 7./ 6. Jht. v. Chr. formuliert. Frühere Texte weisen auf Kultbilder wie einen Stier im Nordreich Israels oder eine eherne Schlange als rettende Macht (4. Mose 21) hin (O. Keel). Insbesondere die Schriftpropheten wetterten gegen Menschen, die „Kälber küssen" (Hos. 13,2). Das Abbildungsverbot richtete sich nicht gegen die künstlerische Darstellung im heutigen Sinne, weil es diese noch nicht gab (M. Weinrich). Je mehr aber Gott transzendent und damit unvorstellbar gedacht wurde, desto mehr wurde die Herstellung von „päsäl" verpönt, galten die Kultbilder und Skulpturen mehr und mehr als Personifikationen der nichtigen Götter. „Ihr habt keine Figur gesehen, als der Ewige vom Berge Horeb aus dem Feuer zu euch redete" (Dtn. 4,15).

Die Heiligkeit der Buchstaben – Heilige Schrift als „Wahrnehmungsereignis"

Der Koran selbst spricht kein Bilderverbot aus und kennt ursprünglich wie das Judentum keine Kunst- oder Bilderfeindlichkeit. Erst die Gelehrten späterer Zeit haben das Verbot der Bilder durchgesetzt – und das auch mehr im arabisch-sunnitischen als im persisch-schiitischen Islam, der solch ein Verbot gar nicht kennt. Das Bilderverbot hat jüdische und islamische Kunst nicht verhindert. Im persischen Raum finden sich zahlreiche Abbildungen Muhammads (sogar mit Gesicht) und z. B. von Jesus. Ebenso gibt es im Judentum illustrierte Gebetsbücher. Diese illustrative Ausschmückung ist von der talmudischen Vorstellung des „hiddur mizwa" geprägt, von „der „Erfüllung eines biblischen Gebots in Schönheit". So sind Bilder nicht grundsätzlich verboten, aber dennoch oft ungern gesehen aus Angst, beim Gebet abgelenkt zu werden.

Spirituell ist die Zurückhaltung gegenüber dem Bild durch das besondere Offenbarungsverständnis in Judentum und Islam begründet. Die Tora und der Koran werden je für sich zur entscheidenden Brücke zwischen dem ewigen, fernen Gott und dem endlichen Menschen in der materiellen Welt verstanden. Die Schrift, das Wort Gottes, auf möglichst schöne Art und Weise wiederzugeben, ist daher die „Königin der Künste", viel wichtiger als es jedes Bild sein könnte (N. Kermani). Die Kunst des schönen Schreibens hat deshalb in den jüdischen und islamischen Welten eine ganz besondere Blüte erfahren. Die Kalligraphie selbst ist eine spirituelle Übung, in der sich Gottes Wort erschließt, Gottes Welt erkennbar wird. Weil die Erkenntnis Gottes durch das Wort erfolgt, verliert die sinnliche Wahrnehmung durch das Bild ihre Bedeutung.

Vielmehr kommt es auf das Hören an (vgl. auch Röm. 10,19!). Die nach islamischer Tradition älteste Überlieferung (Sure 96:1) beginnt entsprechend mit dem Wort: „Rezitiere (laut)!" Schon das syrisch-aramäisches Lehnwort „qur'ân" weist darauf hin, denn es bedeutet „das zu Rezitierende". Wenn Gott sich im zu hörenden Wort offenbart, geht es um ein Wahrnehmungsereignis, das die Hörenden ergreift und zum Lob Gottes, zur Hingabe an Gott bzw. zum Gebet inspiriert. Vergleichbar mit einer Musikpartitur, die nicht von sich aus klingt, ist die Heilige Schrift (Tora, Bibel aus Altem und Neuem Testament, Koran) das Wort Gottes in dem Moment, indem sie durch den Geist erklingt, ein Klangraum entsteht.

Um Gottes Offenbarung im Wort getreu und exakt wiederzugeben, kommt in Judentum wie Islam dem Akt des Schreibens selbst eine besondere spirituelle Bedeutung zu. Der Tora- bzw. der Koranschreiber muss viele Jahre bei einem Meister in die Lehre gehen, um am Ende die hohe Kunst in Perfektion zu beherrschen: Denn das Zeilenmaß muss stimmen, die Buchstaben müssen exakt gesetzt sein. Er muss mit koscheren bzw. hallal-zertifizierten Materialien arbeiten. Und bevor er mit dem Schreiben beginnt, spricht er ein Gebet, um sich Gott zu öffnen, sich auf die heilige Handlung vorzubereiten.

Islam: „Gott allein ist der Schöpfer"

„Das Bilderverbot gehört nicht zu den kategorischsten Verboten in der islamischen Kultur. Es ist flexibel in der Praxis. Von Anfang an wurde ein Unterschied zwischen dem sakralen und dem profanen Bereich gemacht. Die große Moschee in Damaskus war zwar stark beeinflusst von byzantinischer Kunst. Aber sie vermeiden es hier, figürliche Darstellungen hineinzunehmen. Während zur gleichen Zeit Paläste, Lustschlösser der Kalifen voller Bilder waren, die Menschen in freizügiger Form zeigen und auch Bilder, die eine politische Botschaft haben", erläutert Doris Behrens-Abouseif, Professorin für Islamische Kunst und Archäologie in London.

Gleichwohl der Koran kein Bilderverbot kennt, mahnt er zu einer gewissen Zurückhaltung. „Taswir" bedeutet im Arabischen und Persischen „Bild", aber auch „Täuschung,

Illusion, Trugbild". Darin spiegelt sich das kritische Verhältnis der islamischen Kulturen zu gegenständlichen Darstellungen von Lebewesen – bis hin zum Bilderverbot. Islamisches Bildverständnis zielt daher auf das Abstrakte. Wenn ein Innenraum einer Moschee geschmückt ist, dann mit Wandornamenten von abstrakter, mathematischer Gestalt, die nichts Gegenständliches oder Lebendiges darstellen. Man nennt diese ureigene arabische Schöpfung Arabesken. Ihre Muster umspannen spinnennetzartig den Raum und lösen die Wände auf wie eine kostbare Stickerei. Die abstrakte Monotonie dieser Arabeskenwände erinnert an die Wüste, deren Thema die unendliche Wiederholung des Gleichen ist. Die Arabeske ist so abstrakt wie der Islam. Allah ist ein reines Geistwesen, unvorstellbar und unkörperlich. So lässt sich folgern: Die Verehrung eines völlig abstrakten Gottes schließt Abbildungen von selbst aus. Die Arabesken der Moscheen sind der sichtbare Ausdruck dieser Geisteshaltung.

Wie im Judentum geht es zentral darum, dass die Einzigkeit Gottes nicht durch irgendwelche, noch so gut gemeinten Bilder untergraben wird. Doch erst in der islamischen Tradition, in der so genannten Hadith-Literatur, wird Sure 4:48 im Sinne des Bilderverbotes ausgelegt: „Gewiss, Allah vergibt nie, dass ihm gegenüber Shirk (Arabisch für „Beigesellung„) betrieben wird". „Shirk" bedeutet Verehrung bzw. Anbetung anderer Götter neben dem einen und einzigen Gott. Insbesondere ein Hadith gilt als Ursprung und Quelle für jedes religiös begründete Bilderverbot: „Und wer ein Bild gestaltet, der wird dafür (am Tage des Jüngsten Gerichts) bestraft und aufgefordert, in dieses Lebensgeist einzuhauchen – und er wird es nicht tun können" (Sahih Al-Buchary Nr. 7042). Der Mensch soll Gott nicht nachahmen, denn allein Gott ist der Schöpfer! Wer ein Lebewesen malt oder bildhauerisch darstellt, tritt damit in Konkurrenz zu dem, der alles geschaffen hat. Die Bildwerdung selbst gilt als geheimnisvoller schöpferischer Vorgang. „Wollt ihr denn etwa verehren, was ihr selbst zurechtgemeißelt, wo doch Gott euch und was ihr macht geschaffen hat?!" (Sure 37:95f). Wer also Bilder schafft, versucht, Gott nachzuahmen und einer noch ungeformten Wirklichkeit Wesen und Gestalt zu geben – und das ist gotteslästerlich. Oder wie es Max Frisch ausdrückte: „Man macht sich ein Bildnis. Das ist das Lieblose, der Verrat".

Literaturhinweise:

Doris Behrens-Abouseif, Schönheit in der arabischen Kultur, München 1998

Othmar Keel, Die Geschichte Jerusalems und die Entstehung des Monotheismus, Teil 1, Göttingen 2007.

Navid Kermani, Gott ist schön. Das ästhetische Erleben des Koran, München 2011 (4. Auflage)

Abdel Theodor Khoury, Der Hadith. Urkunde der islamischen Tradition, Band 1, Gütersloh 2008

Michael Weinrich, Die Wahrheit des Bilderverbots. Historische und theologische Aspekte, in: Jörg Schmidt (Hg.), Von Bildern befreit zum Leben. Wahrheit und Weisheit des Bilderverbots, Wuppertal 2002, S. 17-42.

Peter Welten, Artikel Bilder. Altes Testament, in: TRE VI, Berlin/ New York 1980, S. 517-521.

Erich Zenger, Der Gott der Bibel. Sachbuch zu den Anfängen des alttestamentlichen Gottesglaubens, Stuttgart 1986

Die islamische heilige Schrift als Dialog der abrahamitischen Religionen betrachtet

Martin Bidney

Das wichtigste, was ich bei meiner Koran-Lektüre entdeckte, ist das Faktum, dass der Koran als Lehrbuch der komparativen Religionswissenschaft betrachtet werden kann. Obwohl es der Prophet Muhammad war, der den Koran erst rezitierte und dadurch der Welt überlieferte, sagt der Koran sehr wenig über Muhammad selbst: Nach mehrheitlich islamischem Verständnis diktierte Gott ihm das ganze Buch. Gott wollte nicht über den Propheten sprechen, sondern hauptsächlich dem Volk die göttlichen Attribute und Taten erklären. Der Koran ist zum größten Teil ein Buch der Geschichten, deren Protagonisten jüdische und christliche Personen aus den heiligen Schriften der Juden und der Christen sind. Allah, der Gott des Korans, war zuerst der Gott Abrahams und danach der Gott von Moses und Jesus. So hieß es im Koran (nach Friedrich Rückert):

> Er hat für euch [Ihr Muslime] verordnet von dem Gottesdienst
> Das, was er einst befahl an Noah,
> Und was wir offenbarten dir,
> Ist, was wir einst befahlen
> Abraham, Moses und Jesus, nämlich:
> Bestellet recht den Gottesdienst,
> Und spaltet euch darin nicht!
> (Sure 42:13)

Das hervorragende lyrische Vermächtnis, das der Urvater Abraham seinen Nachfolgern überliefert hat, steht nicht in der jüdischen Tora, sondern im islamischen Koran (wieder nach Rückerts Übersetzung):

> Herr, gib mir Weisheit,
> Und zähle mich den Frommen bei!
> Und schaff mir eine Zunge
> Der Wahrheit ben den Spätern!
> Mach mich zu einem Erben
> Des Gartenhains der Wonne!
> Verzeih auch meinem Vater! Denn
> Er ist von den Verirrten.
> Lass mich beschämt nicht sein
> Am Tag der Auferstehung!
> Am Tage, wo nicht nutzt Gut noch Söhne;
> Nur, wer da kommt zu Gott mit reinem Herzen.
> (Sure 26:83-89)

Allah erklärt weiter seine Liebe für alle Religionen der abrahamitischen Tradition (Sure 5:44.46.48): „Wir hatten die Tora hinabgesandt, in dem Führung und Licht war. Wir gaben ihm [Jesus] Evangelium, worin Führung und Licht war, zur Erfüllung dessen, was schon vor ihm in der Tora war. Wir haben dir [O Muhammad] das Buch hinabgesandt mit der Wahrheit, als Erfüllung dessen, was schon in dem Buche war, und als Wächter darüber". Der Koran dient als Wächter, Unterstützer, Erhalter der Wahrheit, der Führung und Licht schenkt.

Noch ein wichtiger Aspekt: der Islam besitzt nicht nur eine, sondern vier heilige Schriften. Diese vier heiligen Bücher des Islams sind die Tora, die Psalmen, das Evangelium und der Koran: zwei jüdische Bücher, ein christliches Buch und nur ein muslimisches im engeren Sinne des Wortes. Es soll den Leser*innen auffallen, wenn Juden und Christen die prominenteste Rolle in den wunderbaren Erzählungen des Korans spielen.

Worin besteht nun diese zentrale Rolle? Es geht darum, die moralischen Wahrheiten des Islams zu veranschaulichen – muslimische Wahrheiten, die gleichzeitig jüdische und christliche Wahrheiten sind. Leben, Wort und Taten der heiligen Personen aller drei Schriften sind illustrierende Beispiele, Gleichnisse, Parabeln, Metaphern dieser moralischen Wahrheiten. Der Koran enthält eine poetische Theorie der interreligiösen Metaphern und Parabeln. Gott selbst ist derjenige, der diese Metaphern ursprünglich gemacht hat.

Über Gott selbst lernen wir (Sure 30:27): „Und Er [der Herr Gott] ist es, der die Schöpfung hervorbringt... Sein ist das schönste Gleichnis in den Himmel und auf der Erde..." Die ganze Schöpfung ist ein Gleichnis Gottes oder, wie Goethe sagte, „Alles Vergängliche ist nur ein Gleichnis". Was ist die allen drei Religionen gemeinsame höchste Wahrheit? Es ist die Wahrheit der Liebe. Auf eine lebendige Weise zeigt Shahid Alams Kalligraphie-Austellung diese Zentralität an drei Texten, die er auf hölzernen Tafeln zu schreiben erwählte: „Höre, Israel", „Vater Unser", und „Die Eröffnende". In meinem Buch *Ein vereinigendes Licht* habe ich dieselben drei Gebete nebeneinandergesetzt und in jedem Gebet „das heitere Glück eines gemeinsamen Wunders, das die Zentralität des Herzgefühls mit dem ehrfurchtsvollen Bewusstsein des Unbegrenzten verbindet", gefunden. Sie sind alle Ausdrücke der Liebe.

Der Grundgedanke von 5. Mose 6, 4 „Höre Israel" ist: „lieb haben", weil der Hörer mit ganzem Herzen, von ganzer Seele, und mit ganzer Kraft den Herrn, Gott lieben und sich dabei täglich erinnern soll, dass die Worte des lieben Gottes die Wahrheit sind.

Auch im „Vater Unser" (Matthäus 6,9-13) ist die Liebe stark impliziert. Der liebende Hörer soll Gottes Namen heiligen, das Begehren nach dem Kommen seines Reiches hegen und die Hoffnung kultivieren, dass sein Wille erfüllt werde. Die Liebe zu Gott zeigt sich gleichfalls in der Hoffnung, von allem Bösen, d. h. Ungöttlichen, erlöst und nicht in Versuchung gegen Gottes Güte geführt zu werden.

Und ebenso in der 1. Sure („Die Eröffnende„): Im ersten Vers des ersten Kapitels dieses Buches lernen wir zwei vorherrschende und liebenswürdige Attribute Gottes kennen: Gnade und Barmherzigkeit. Hier wieder, wie auch beim „Höre Israel" und im „Vater Unser", drückt sich die Liebe zu Gott in dem Wunsch aus, von Versuchung durch diejenigen, die Gottes Missfallen erregt haben, erlöst zu werden und auf den rechten, geraden Weg, dem Willen des wohlwollenden Gottes geführt zu werden. Freilich ist Gott auch der Herr des künftigen Gerichtstages, aber nach der Deutung der mystischen Sufis dient die Benutzung der

Worte „des Gnädigen, des Barmherzigen" am Anfang nicht nur dieser Sure, sondern fast aller 114 Suren des Koran als Hinweis darauf, dass Gottes Erbarmungswille die Forderungen seiner Richterpflicht immer überwiegt.

Wenn der Gott der abrahamitischen Tradition ein Gott der Liebe ist, in welchen hervortretenden Tugenden drückt sich diese Liebe im Koran aus? Vier vorherrschende Tugenden finde ich: (1) die Vertrauenswürdigkeit oder Verantwortung, (2) die Gemütsruhe oder Seelenruhe, (3) die Barmherzigkeit verbunden mit der Bereitwilligkeit zur Vergebung und (4) die Großzügigkeit oder Freigebigkeit.

Die Vertrauenswürdigkeit, Zuverlässigkeit bzw. die Verantwortung im weitesten Sinne ist die Bereitschaft, moralische Pflichten zu akzeptieren und zu erfüllen. In dieser Beziehung ist der entscheidende koranische Hauptvers der folgende (Sure 33:72): „Wir boten das vollkommene Vertrauenspfand den Himmeln und der Erde und den Bergen, doch sie weigerten sich, es zu tragen, und schreckten davor zurück. Aber der Mensch nahm es auf sich. Fürwahr, er ist sehr ungerecht, unwissend."

Die Sufi-Denker deuten diesen Vers so: Vor der Schöpfung der Welten hat Gott alle seine zukünftigen Kreaturen, die in seinem Geist schon als Ideenformen existierten, versammelt und gefragt, ob irgendeine bereit wäre, sein Vertrauen zu empfangen und diese Verantwortung zu erfüllen. Alle anderen schreckten davor zurück. Nur der Mensch – d. h. der noch nicht auf Erden geschaffene Adam, der Ur-Adam, möchten wir sagen, der nur im Geiste Gottes lebte – fürchtete sich nicht und lehnte nicht ab, sondern nahm die Pflicht auf sich, worin sich seine Vertrauenswürdigkeit zeigte.

Können wir daran glauben? Haben die Kinder Adams auf überzeugende Weise ihre moralische Zuverlässigkeit bewiesen? „Fürwahr ist der Mensch ungerecht, unwissend", heißt es im Koran. Die Engel im Himmel hatten auch ihre Zweifel (Sure 2:30 nach Rückerts Übersetzung):

Wie da dein Herr sprach zu den Engeln: Ich will setzen
Auf Erden einen Stellvertreter [,]
Sie sprachen: Willst du auf sie setzen einen,
Der sie verdirbt und Blut vergiesst?
Da wir doch preisen deinen Ruhm und heiligen!
Er aber sprach: Ich weiß, was Ihr nicht wisset.

Hier ist die auffallende, doch beruhigende himmlische Antwort: Gott glaubt an die Menschen. Gibt es aber hinreichende Gründe für diesen Glauben? Vielleicht nicht. Die Himmel, die Erde, die Berge, die andere Kreaturen haben die Verantwortung verweigert: der Mensch, der sie akzptiert hat, ist verpflichtet, jetzt und immer verantwortlicher Verwalter des Planeten zu sein und die sorgfältigsten Maßnahmen zu ergreifen, um seine Umwelt zu schützen. Doch selbst der angeblich allerweiseste König Salomo hatte, so scheint es, gegenüber der gotterschaffenen Umwelt keinen großen Respekt (Sure 34:12-14). Der Ur-Adam stimmte der von Gott übertragenen Verantwortung zu, aber der König Salomo hatte seine Dschinnen und seine industriellen Maschinen so mißbraucht, das seine Sklaven sich über seinen Tod freuten. Bessere Verwalter der Erde sollte der Mensch heute sein, als dieser „Weise".

Die Gemütsruhe, der Gleichmut, die Seelenruhe – das ist die zweite Tugend unsrer Liste – ist ebenfalls eine echte islamische Tugend. Gott zeigt seine Geduld, Toleranz, Empathie, inclusive Verständnis in seinem höchst wertvollen und seelenberuhigenden Prinzip (nach Sure 2:256): „Es soll kein Zwang sein im Glauben..." Die Gemütsruhe ist kombiniert mit der Barmherzigkeit Gottes, worüber wir früher gesprochen haben. In der koranischen Erzählung ist der Sturz von Adam und Eva nicht als etwas tragisch-katastrophales oder Entsetzliches anzusehen, sondern nur als ein Fehler, der mit Gleichmut akzeptiert und ruhig diskutiert wird, und der von Menschen mit Hilfe des Allbarmherzigen korrigiert oder repariert werden kann (2:35-38):

> Und Wir (d. h. Gott) sprachen: „O Adam, weile du und dein Weib in dem Garten und esset reichlich von dem Seinigen, wo immer ihr wollt; nur nahet nicht diesem Baume, auf dass ihr nicht Frevler seiet".
> Doch Satan ließ beide daran straucheln und trieb sie von dort, worin sie waren. Und Wir sprachen: „Gehet hinweg, einige von euch sind Feinde der andern, und für euch ist eine Wohnstatt auf Erden und ein Niessbrauch für eine Weile".
> Dann empfing Adam von seinem Herrn gewisse Worte. So kehrte Er Sich gnädig zu ihm; wahrlich, Er ist der oft gnädig Sich Wendende, der Barmherzige.
> Wir sprachen: „Gehet hinaus, ihr alle, von hier. Und wer, wenn zu euch Weisung von Mir kommt, dann Meine Weisung folgt, auf die soll keine Furcht kommen, noch sollen sie trauern...."

Wahrscheinlich ist Adam sich auch eines zusätzlichen Grundes für seine Seelenberuhigung und -stärkung bewusst, nämlich seiner im Koran erwähnten Fähigkeit, nicht nur den Tieren Namen zu geben, sondern auch die Namen aller himmlischen Engel richtig zu sagen. In der mystischen Sufi-Tradition kann man darüber hinaus die 99 Namen Gottes als Attribute verschiedener Potentiale der göttlichen Natur, deuten. Wenn Adam einen solchen Reichtum von Potentialen noch zu nennen und mit seiner Einbildungskraft in sich selbst zu fühlen erlaubt wird, kann der Verfall der Menschheit als zu einem großen Teil korrigierbar und heilbar angesehen werden.

Für Barmherzigkeit und Bereitwilligkeit zur Vergebung – der dritten Tugend – haben wir im Urvater Abraham ein herrliches Beispiel. So betet Abrahams, indem er fleht: „Verzeih doch meinem Vater, denn er ist von den Verirrten." Welcher Art war eigentlich das väterliche Irregehen? Hier treffen wir auf eine der lehrreichsten moralischen Parabeln des Korans, einer Legende, die nicht in der Bibel, sondern (in kürzerer Fassung) unter den jüdischen Midrasch-Erzählungen steht. Als der junge Abraham Götterstatuen (Idole) seines Vaters und dessen Freunde „bis auf den Größten unter ihnen" zu Stücken schlug, fragten diese Leute (in Rückerts Fassung von Sure 21:62-69):

> Bist du's, der dies tat an unsern Göttern, Abraham?
> Er sprach, Nein, sondern dieser tat's, ihr Größter;
> Befragt sie, wenn sie reden.
> Da kehrten sie sich gegen sich,
> Und sprachen: Ihr seid Sünder.
> Dann stellten sie auf ihren Kopf sich wieder:
> Du weißt es, diese reden nicht.
> Er sprach: Und wollt ihr deiese anbeten außer Gott?
> Was euch nicht nützet etwas noch euch schadet?
> Pfui euch und dem, was ihr anbetet außer Gott!

O wollt ihr nicht verstehen?
Sie schrien: Verbrennt ihn und steht euern Göttern bei!
Warum wollt ihr's nicht tun?
Da sprachen Wir: O Feuer,
Sei kühl und hold für Abraham!

(Die Brennung und Kühlung werden nicht in dem jüdischen Midrasch erwähnt.)

„Verzeih doch meinem Vater, denn er ist von den Verirrten" – unser Abraham hatte, so scheint es, viel zu verzeihen! Gott aber hat die unbedingte moralische Forderung der Verzeihung heruagestellt (Sure 42:43): „Und fürwahr, wer geduldig ist und vergibt – das ist gewiß Zeichen eines starken Geistes." Wenn sich dann die Frage erhebt: Geben die Höllenfeuer einen Hinweis auf die Barmherzigkeit Gottes?, antwortet der große mittelalterliche Sufi-Theosoph Ibn Arabi: Wenn Gott die Feuer für Abraham kühlen konnte, warum für die Sünder nicht eine Feuerkühlung der gleichen Art? Denn fast jede der 114 Suren des Korans, so erinnern wir uns, beginnt mit „Im Namen Allahs, des Gnädigen, des Barmherzigen." Als Beispiel für die vierte zentrale, im Koran gelehrte Tugend der Freigebigkeit oder Großzügigkeit kann der Prophet Joseph dienen. Im Koran völlig unbekannt ist die biblische Geschichte des farbigen Rocks, den Jakob seinem geliebtesten Sohn, dem Favoriten seiner Altersjahre, gab. Stattdessen hören wir von Josephs Wunderhemd. Den farbigen Rock in der biblischen Fassung der Legende müssen wir als eine der Ursachen für die Trauer Josephs ansehen. Dieses schöne Gewand hatte den Neid seiner Brüder noch weiter verstärkt. Doch dieses besondere Hemd wird zum unvergesslichen, rührenden Symbol für Josephs exemplarische Aufrichtigkeit, für seine Bereitschaft zu verzeihen, und für seine Großzügigkeit seinen Brüdern und dem Vater gegenüber.

Obwohl die neidischen Brüder Joseph in die Sklaverei verkauften, wurde er zum höchsten Beamte am Hof des Pharao. Bald versuchte aber die Frau eines anderen Beamten den armen Joseph zu verführen, und als er widerstand, behauptete sie, dass Joseph sie zu vergewaltigen versucht hatte; und ihr Mann (Potiphar in der Bibel, von den Muslimen Asis genannt) fühlte sich verpflichtet, Joseph ins Gefängnis zu setzen.

Hier fügt der Koran etwas völlig Neues und Amüsantes hinzu. Ein Zeuge der Verführungszene hatte seinem Freund Asis zu verstehen gegeben, dass die Rückseite von Josephs Hemd zerrissen worden sei; und bald wurde das Gerücht am pharaonischen Hof verbreitet. Als die Frau von ihren Freundinnen verspottet wurde, lud sie diese Spötterinnen zum Mittagessen ein und befahl, während die weiblichen Gäste ein Dessert mit Orangen aßen, dass Joseph aufs Zimmer gebracht werden sollte. Als der so außerordentlich schöne junge Mann erschien, wirkte er auf die Damen so verwirrend, dass sie sich unversehens mit ihren Fruchtmessern in die Hände schnitten. Orangensaft und Blut spritzen überall in dieser unterhaltsamen, wenn auch recht derben Komödien-Szene des Korans.

Tatsächlich erlangt Joseph an Pharaos Hof den denkbar höchsten Rang nach dem Herrscher. Während einer Hungersnot, als seine Brüder Joseph in der Hoffnung auf Nahrungsmittel zu Pharaos Hof gelangen, offenbart Joseph ihnen seine Identität und gibt ihnen alles, was sie brauchen. Zusätzlich erzählt der Koran – in einer rührenden nichtbiblischen Hinzufügung – dass Jakob, der Vater aller zwölf Brüder, aus Trauer um seinen verlorenen Sohn, sich vor langer Zeit blind geweint habe. Aber Joseph, den Brüdern eine ganz besondere Gabe für Jakob liefernd, sagte ihnen, sie mögen unserm lieben Vater das Wunderhemd auf seine Augen legen, dann würde er sofort von seiner Blindheit geheilt und seine Sehkraft würde wieder hergestellt werden.

Der Prophet Jakob sah voraus, dass Josephs Brüder das Wunderhemd und damit die Augenheilung bald bringen würden. Und lange bevor sie ankamen, konnte er schon das Frühlingsaroma der magischen Kleidung riechen. Sein Augenlicht wurde natürlich (oder: übernatürlich) wieder hergestellt und für uns heute soll Josephs Wunderhemd als eines der vorherrschenden poetischen Symbole der menschlichen Großzügigkeit in der ganzen abrahamitischen Tradition gelten. Kommt der Frühling und erscheint das erste, sanfte, grüne Gras, erweckt das in der Phantasie der vom Koran beeinflußten persischen Dichter des Mittelalters, die über die sich immer wiederholenden Auswirkungen von Josephs aromatischem, himmlischem Wunderhemd auf die jährlich neu gesegnete Erde nachsannen.

Das auffälligste Neue in der koranischen Geschichte vom Volksbefreier Moses ist das beseelte Porträt der bewundernswerten, liebenswürdigen und großzügigen Gattin des Pharaos, die Asiya hieß, eine der heiligsten Frauen in der islamischen Tradition. Im Jahr von Moses' Geburt wollte der Pharao alle jüdischen Kinder töten, weil er auf diese Weise versuchte, seinen im Traum vorhergesagten Sturz zu vermeiden. Nachdem die Mutter des Moses das kleine Kind in einen Papyrus- oder Schilfrohrkorb gelegt hatte, setzte seine Schwester den Korb in den Nilfluss, wo Pharaos Tochter ihn fand.

Dann sprach die Gattin Pharaos [zu ihrem Mann und seinen Helfern]: „Ein Trost der Augen mir und dir, o töt' ihn nicht! Vielleicht, dass er uns nützet, oder Wir nehmen ihn zu Sohne" (Sure 28:9). Hier beginnt die Großzügigkeit Asiyas sich klar abzuzeichnen: Sie will dem Kind als eine zweite Mutter dienen und befiehlt daher ihrer Tochter, die wirkliche Mutter des Moses zu holen. Die drei Frauen, d. h. die Mutter des Kindes, die zweite Mutter im Palast Pharaos und auch die Tochter-Prinzessin, sorgen alle für Moses auf mütterliche Weise.

In späteren Jahren, als sich das Herz des Pharao gegen die Juden verhärtet und Gottes Strafplagen beginnen, protestiert Asiya gegen ihren hartnäckig störrischen Mann: Als Konvertitin zur Religion des wahren Gottes versuchte Asiya den Pharao selbst zu konvertieren und – was ich erstaunlich finde – ihre Bemühungen scheinen erfolgreich gewesen zu sein (Sure 10:90): „Wir führten [sagt Gott] die Kinder Israels durch das Meer, und Pharao mit seinen Heerscharen verfolgte sie wider Recht und feindlich, bis das Ertrinken ihm nahte (und) er sprach: ‚Ich glaube, dass es keinen Gott gibt als Den, an Den die Kinder Israels glauben, und ich gehöre nun zu den Gottergebenen.'" Gott antwortete (Sure 10:91): „Wie?! Jetzt?! Wo du bisher ungehorsam warst und warst einer derer, die Unordnung stiften?" Aber Gott hat nicht den Pharao als Lüger genannt.

Es scheint mir, dass Asiyas ernste, unmittelbar Liebe für das Kind Moses, als er noch in der Papyruswiege lag, ihre spätere Bekehrung zum Gott Israels stark beinflusst und vielleicht auch verursacht hat. Von Anfang an war diese fromme Frau liebend, gutherzig, freigebig. Nach der Tradition ist sie eine der vier perfekten Frauen im islamischen Himmel: die Königin Asiya, die Jungfrau Maria, Muhammads Frau Khadija und seine Tochter Fatima. Die koranischen Erzählungen von christlichen Personen der Bibel veranschaulichen gleichfalls die vier Tugenden, die man als zentrale Ausdrücke der Liebe in der islamischen Tradition findet. Als die reine Maria unter einer Palme in der Wüste lag, um das Kind Jesus zu gebären, fühlte sie sich mit fast unerträglichen Wehen behaftet, die ihr so schmerzhaft waren, dass sie fast völlig verzweifelte und zu sterben wünschte. Doch Gott gab ihr frische Datteln und Wasser (Sure 19:23-27). Befreit von ihrer Verzweiflung und ihrem Todeswunsch erwarb Maria wieder Seelenruhe und Gleichmut.

Das, was gleich danach erzählt wird, ist ebenso lehrreich (Sure 19:29-33 nach der Übersetzung von Rückert):

> Da deutete sie auf ihn [Jesus]. Sie sprachen: Wie sollen wir zu einem reden, der ein Kind in der Wiege ist?
> Er (Jesus) sprach: Ich bin ein Diener Allahs, Er hat mir das Buch gegeben und mich zu einem Propheten gemacht;
> Er machte mich gesegnet, wo ich auch sein mag, und Er befahl mir Gebet und Almosen, solange ich lebe;
> Und (Er machte mich) ehrerbietig gegen meine Mutter; Er hat mich nicht hochfahrend, elend gemacht.
> Friede war über mir am Tage, da ich geboren ward, und (Friede wird über mir sein) am Tage, da ich sterben werde, und am Tage, da ich wieder zu Leben erweckt werde.

Diese bewundernswerte Selbstbeschreibung von Jesus in der Wiege ist zugleich eine Predigt, die die islamischen Tugenden lehrt, von denen wir schon gesprochen haben. Sich als Gottes Knecht und Prophet erkennend, veranschaulicht Jesus seine Verantwortlichkeit und Vertrauenswürdigkeit. Auf Gebet und Almosen hinweisend, Ehre für seine Mutter herzlich ausdrückend, zeigt Jesus Hingabe zu seinem Schöpfer, zu den Armen, zu seiner Mutter. Sich als „nicht hochfahrend" beschreibend, stattdessen Barmherzigkeit und Empathie zeigend, wünscht das Kind Jesus, in Frieden mit sich selbst im Leben, im Sterben und in der Auferstehung zu bleiben – ein Mann und Prophet des Friedens zu sein und ewig zu bleiben. Seinen Geist der Freigebigkeit zeigt Jesus auch später, als er dem Vogel, den er aus Lehm modelliert hat, durch einen Atemhauch Leben gibt, so dass der Vogel wegfliegt. Wie bereits erwähnt, sagt der Koran über Muhammad selbst wenig, obwohl es möglich ist, in allgemeiner Form einige kaum definierte Hinweise zu finden, die in der späteren Hadith- oder Erinnerungsliteratur ausgeführt werden. Vom Standpunkt dieses Vortrages her lassen sich Parallelen zwischen diesen Erzählungen und anderen Personen der abrahamitischen Tradition ziehen.

1. Wenn Muhammad mit dem Erzengel Gabriel ringt, der ihm befohlen hatte, den Koran zu lesen obgleich er Analphabet war, erinnern wir uns an die biblische Geschichte von Jakobs Ringen mit dem Engel.

2. Wenn die drei Engel das Herz des künftigen Propheten ausschneiden um einen Fleck der Unreinheit wegzuschnicken und um danach das gekühlte und geheilte Herz wieder in den Brust einzusetzen, so dass er das Wort Gottes

reinlich sprechen kann, denken wir an den Engel, der die Lippen des Propheten Isaias mit Kohle berührt hatte, um ihn zu reinigen, Gottes Wort zu verkünden.

3. Wenn Muhammad alle himmlischen Sphären besucht, haben wir im Sinn den Propheten Elias, der nach oben getragen ward.

Im Koran findet man keine Geschichte vom Turmbau zu Babel, worin das Erscheinen einer Vielzahl von verschiedenen Sprachen als Strafe für den Hochmut der Menschen erzählt wird. Stattdessen erklärt die islamische heilige Schrift (Sure 49:13): „Ihr, o ihr Menschen, wir erschufen Euch, Mann und Weib, Und machten euch zu Stämmen und Geschlechtern, dass ihr einander kennen möchtet...". Verschiedenheit der Geschlechter, der Stämmen, der Nationen, der Religionen ist keine Strafe, sondern stets eine vortreffliche Gelegenheit zum gegenseitigen Kennenlernen. Diese Perspektive eröffnen auch die Kalligraphien von Shahid Alam.

Seh-erfahrung (II)
Christine Funk

Bild: Unser Gott Euer Gott ist einer (S. 103)

Eine Vielheit von kurzen Linien, Strichen und runden Formen in gold, schwarz und weiß auf rotem Grund. Mein erster Seh-Eindruck: ein unentwirrbares Durcheinander. Ein zweiter Blick: wie ein Funken- und Aschewirbel über einem Feuer.
Beim weiteren Betrachten erkenne ich so etwas wie eine „Rahmung" des Wirbels in Weiß.
Ich bin verblüfft, als mein Begleiter vor diesem Objekt, ohne meinen Ausdruck von „Was soll das denn?" zu teilen, sofort anfängt zu lesen und mir übersetzt: „Unser Gott und euer Gott sind einer" (Koran 29,46).
Ich bin begeistert: Einheit und die Wahrnehmung von Vielheit gehören zusammen! Das ist ja genau das umgekehrte „Bild" wie eben! Die einzelnen Buchstaben, Wortteile setzen wir, die Lesenden, zur Einheit des Sinns zusammen. Die Buchstaben benachbarn sich je neu, und in der arabischen Kalligraphie durchdringen sie sich sogar. „Durchdringen" ist eines der Schlüsselworte der alten christlichen Trinitätstheologie: Perichoresis (das gegenseitige „Durchdringen" und das gegenseitige Bedingen der Personen der göttlichen Dreieinigkeit), die mit dem Begriff des Tanzes zusammenhängt.
Die christliche Vorstellung der Einheit Gottes als Dreieinigkeit bündelt (oder reduziert sogar) im Bild der Einheit von Vater, Sohn und Geist so viele Wirklichkeitsaspekte der Beziehungshaftigkeit des Lebens zwischen Himmel und Erde, was mit Ps 100 etwas freier vielleicht so gesagt werden kann: Wir sind in Dir, Du, unser Bildner, Du, Wir, Dir inne. (Ps 100,3: Erkenne, dass der Herr Gott ist! Er hat uns gemacht und nicht wir selbst zu seinem Volk). Auch 1. Joh. 4,13 nimmt diesen Gedanken der Einheit in der Jesus-Reflexion mit auf: Daran erkennen wir, dass wir in ihm bleiben und er in uns, dass er uns von seinem Geist gegeben hat.
So erschließe ich im Gespräch den weißen Schrift-Rahmen der Kalligraphie als eine horizonteröffnende Darstellung der Vorstellung von der Einheit Gottes, die in so vielen Situationen und menschlichen Erfahrungen sich andersartig und verschieden zeigt (vgl. die 99 Attribute/Namen Gottes in der muslimischen Tradition), und damit die Vielfalt als nicht beliebig, sondern zusammengehörend auffasst.

„Ich sehe was, was Du nicht siehst...": wie unsere Wahrnehmung, Auffassungsgabe und unser Geist doch schriftgeprägt sind! Die kulturellen Muster sind in den Sprachen grundgelegt, in denen wir groß werden und interagieren lernen... Ästhetische, religiöse, sprachliche Begegnungsprozesse können helfen, diese Muster zu erkennen und die Fähigkeit zu entwickeln, die eigenen im anderen zu erkennen und umgekehrt!

Welcher Auffassungsreichtum kann entstehen, wenn Kinder mit drei Alphabeten aufwachsen können! Mona Yahia erinnert die anfänglichen Mühen des Schreiben-Lernens und das Glück des dreifachen Lesen-Könnens als Kind in der fast vergessenen jüdisch-arabischen Welt des Irak.
(Vgl. Durch Bagdad fließt ein dunkler Strom, Frankfurt 2002.)

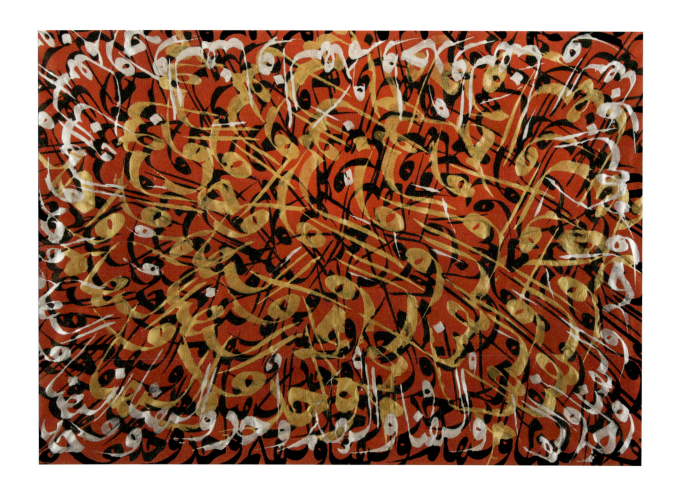

Unser Gott Euer Gott ist einer

Koran: 29/49

Improvisation auf rotem Kahari Papier; 80cm x 60cm; Aachen 2012

Das Alif, der Anfang

Lindenholz; Höhe 209cm; Stolberg 2014

Kunstbrücken: Die Schönheit Gottes in der Kalligraphie

Erkenntnisse und Erfahrungen eines Kalligraphen
Shahid Alam

In Bagdad, im Haus der Weisheit (arabisch: Bayt-al-Hikma) wurden im 9. Jahrhundert die wichtigsten Werke der Antike vom Griechischen ins Arabische übersetzt. So konnten die bedeutendsten Exponenten der hellenistischen Antike und ihre wissenschaftlichen Errungenschaften später in Toledo aus dem Arabischen wiederum ins Lateinische übertragen und somit für die europäische Wissenskultur bewahrt und weiter in deren einzelne Volkssprachen übersetzt werden. Dieser Kulturtransfer ist ohne die Leistung der arabischen Schriftlichkeit und ihrer besonderen Sprach- und Stilformen nicht denkbar.

In dieser Ausstellung steht die Ästhetik der arabischen Schrift im Mittelpunkt. Ihre Schönheit soll heute wie damals die Brücke zum Wissen voneinander und miteinander stets neu zu erleben und zu begehen helfen. Und dieser Weg, wo man - wie in Lessings Nathan - das Fremde im Eigenen wiedererkennen mag, führt zum interreligiösen Dialog, zur interkulturellen Verständigung. Im heutigen Europa und nicht zuletzt in Deutschland wird kulturelle Vielfalt und die Wertschätzung ihrer einzelnen Komponenten hoch veranschlagt: Dass dies keine Selbstverständlichkeit, sondern eine immer wieder zu erneuernde kulturelle Leistung und eine Notwendigkeit ist, zeigt uns die heutige politische Situation in aller Dringlichkeit. Damals - vor ca. zwölfhundert Jahren - wurde die arabische Schrift zur Brücke der wissenschaftlichen Entwicklung. Heute soll sich - in dieser Ausstellung - diese Schrift als ästhetische Brücke zum interkulturellen Dialog präsentieren.

Denn: Gott ist schön und er liebt die Schönheit - heißt es in einem berühmten Vers, der in vielen Kalligraphien aufs Schönste zur Vorstellung gebracht wird; oder mit Schiller gesprochen: Nur durch das Morgentor des Schönen drangst du in der Erkenntnis Land. Durch die Ästhetik der arabischen Schrift bzw. die Kunst der islamischen Kalligraphie sollen sich die Herzen für die Schönheit Gottes öffnen, soll die Brücke der Erkenntnis gangbar, sollen auch die interkulturelle Verständigung und der interreligiöse Dialog gefördert und intensiviert werden.

Seit Sommer 2006 ist mein Werk in über zwanzig Ausstellungen, die bundesweit in katholischen und evangelischen Kirchen stattfanden, der Öffentlichkeit präsentiert worden. Die Ausstellungen zur islamischen Kunst bzw.

zur arabischen Kalligraphie in christlichen Kirchen ist keine Selbstverständlichkeit. Durch die Öffnung ihrer Türen für die islamische Kunst haben die Kirchen damit einen großen und mutigen Schritt getan: Der Blick auf den Anderen, das Wiedererkennen des Eigenen im Anderen, die Sensibilität für das Besondere des Eigenen erhebt den jeweilgen sakralen Raum in ein Bayt-al-Hikma, ein Haus der Weisheit. Mit Staunen hat die Öffentlichkeit die Eröffnung der Ausstellung in St. Peter Aachen 2007 wahrgenommen, als der Bischof Heinrich Mussinghoff durch seinen Vortrag über die erste Sure Fatiha aus dem Koran die Ausstellung eröffnete. Die überwältigende Besucherzahl in allen meinen Ausstellungen beweist deutlich, dass ein breites Publikum diesen Ansatz sehr begrüßt.

Wissen und Weisheit
„Der Dialog der Religionen ist angesichts der heutigen Weltsituation dringender denn je. Die Geschichte gehört Menschen, die zusammenbringen, was früher getrennt war; Lebenswege gehen, die früher versperrt waren" (aus: K.J. Kuschel; Leben ist Brückenschlagen. 2011).

In dieser Ausstellung sollten die kalligraphisch dargestellten Texte aus Tora, Bibel und Koran auf großen Holztafeln (210cm x 75cm) den Schwerpunkt bilden und dem Betrachter eine gedankliche Auseinandersetzung mit den inhaltlichen Gemeinsamkeiten und Unterschieden in den heiligen Texten ermöglichen.

Die in Bronze hergestellte Wort-Skulptur „ILM" - aus dem Arabischen übersetzt mit „Wissen" und die „Weisheit" - öffnet einen neuen Ansatz in der Kunst der Kalligraphie: Hier zeigt sich die Kalligraphie in der Dreidimensionalität. Die Schrift löst sich von ihrem zweidimensionalen Hintergrund. Sie steht frei im Raum. Die Skulptur „ILM" verbindet die drei arabischen Buchstaben „Ain", „Laam" und „Mim" miteinander. Sie verschmelzen miteinander und ihr Übergang von der Dreiheit zur Einheit wird allseitig sichtbar. Das geschriebene Wort ist zu einer Skulptur geworden. Es hat sich von seinem Hintergrund befreit und genießt die Freiheit, um sich weiter entwickeln zu können.

Es ist die besondere Ästhetik der arabischen Schrift, die auch große Dichter wie Goethe faszinierte und die auch die Grundlage dieser Ausstellung darstellt. Seine Bewunderung für die arabische Schrift, drückt Goethe in einem Brief (1815) so aus: „In keiner Sprache ist vielleicht Geist, Wort und Schrift so uranfänglich zusammengekörpert."

Zu dieser Erkenntnis gelangt Goethe durch seine Schreibübungen der arabischen Schrift. Denn in keiner Schrift ist die Kunst der Verbindung der Buchstaben so deutlich zu sehen, wie in der arabischen Schrift. Das Wort entsteht erst durch das Zusammenspiel der Buchstaben, die sich auf eine besondere Weise miteinander verbinden. Die Buchstaben opfern ihre ursprüngliche Form, um sich miteinander zu verbinden; sie suchen eine Brücke zueinander und das durch das Zusammenspiel entstandene Wort öffnet sich immer zum Licht. Es ist ein Ausdruck der Harmonie, die nur dadurch möglich wird, dass die Buchstaben sich fügen, um ein einheitliches Ganzes entstehen zu lassen.

Hera Sophia
(Die Frau Weisheit)
Das Wort ILM als Skulptur

Bronze; Höhe 100 cm; Aachen 2002

Die Entstehung eines Wort-Bildes

Das handgeschriebene Wort, das durch die bewusste Führung der Linien entsteht, ist ein Ausdruck des Lebendigen. Es ist eigentlich der sichtbar gewordene Gedanke. „Die Schrift ist das visuelle Gedächtnis der Menschen" (Gottfried Pott, Wiesbaden). Bei meinen Schreibübungen erkenne ich auch, dass die Führung der Feder mit dem Atemrhythmus eng verbunden ist. Die Ruhe oder Unruhe beim Atmen drückt sich sofort in der Federführung aus. Durch die innere Ruhe oder Unruhe wird die Bewegung meiner schreibenden Hand bzw. die Führung der Feder stark beeinflusst. Die vom Meisterkalligraphen Hassan Massoudi (Paris) gelernten Atemübungen haben mir den Weg zur inneren Ruhe beim Schreiben bereitet:

Bei der ziehenden Bewegung der Feder einatmen; bei der schiebenden Bewegung der Feder ausatmen und in Kurven den Atem anhalten. So wird meine Arbeit zu einer Meditation, zu einem Gebet.

Zu dieser Erkenntnis, die meinem Leben als Künstler und Kalligraph eine neue Farbe gab und mir den Zugang zu neuen Kräften der Schöpfung ermöglichte, gelang ich nach Schreibübungen von mehreren Jahrzehnten. Es war wie eine Offenbarung, die mir das Geheimnis buchstabieren half.

Beim Setzen meiner Feder auf Papier oder Holz erkenne ich weiter, dass die arabischen Buchstaben aus vertikalen und horizontalen Bewegungen entstehen und jede dieser Bewegung mit einem Punkt beginnt, der sich in vertikalen und horizontalen Linien entfaltet. So wird der beseelte und begeistigte Punkt zum Urheber beider Bewegungen, die sich dann durch die bewusst geführte Feder zu Buchstaben entwickeln. Somit wird die Gestaltung der Linien zu einem schöpferischen Prozess und zu einer bildenden Kraft, zur Geistesbildung.

Mein Bedürfnis, dem neu geborenen Wort durch die Farben ein würdiges Kleid zu geben und es dann in eine würdige Umgebung und Atmosphäre zu setzen, gibt meiner Arbeit eine neue Richtung: Das Wort erscheint mir als lebendiges Wesen; es ist ein lebendiger Körper, das dann zu einer Skulptur aus Holz oder Bronze wird.

Worte wie ein Sonnenstrahl

In dieser Erkenntnis liegt die Geburt der Skulptur Alif. Alif ist der erste Buchstabe im arabischen Alphabet, der in der Mystik des Islam auch als erster Sonnenstrahl zur Erde gesehen wird und die körperhafte Darstellung der vertikalen Linie darstellt.

Die drei Meter hohe Skulptur Alif aus Holz, die umgeben von anderen Werken im Raum steht, will einen Hinweis auf die Gemeinsamkeiten im Alphabet aller drei heiligen Schriften geben. Denn das Alphabet der drei großen mediterranen Schriftkulturen beginnt mit einem Alif bzw. mit Alpha. Entsprechend kann das Alif auch Mittelachse und Bezugspunkt innerhalb eines Triptychons sein: zur einen Seite die 1. Sure des Korans (al-Fatiha), zur anderen das „Abana", das „Vaterunser" wie es arabisch sprechende Christen zu beten gewohnt sind.

Die kalligraphisch-bildnerisch dargestellten Dichtungen von großen Dichtern und Mystikern wie Goethe, Rilke, Hölderlin, Mansur Hallaj u.a. – in arabischer Übersetzung und auch in Originalschrift – bilden eine weitere Brücke für den Betrachter. Die Übersetzungen der arabischen Dichtungen ins Deutsche und der deutschen Dichtungen ins Arabische sind wortwörtlich die Brücken zu anderen Ufern. Nicht nur die künstlerische Umsetzung der arabischen Texte, auch deren Inhalt ist wichtig für das Verständnis einer Kunst, die versucht, zwischen Orient und Okzident eine Brücke zu bauen und der Vision von Friedrich Rückert „Weltpoesie allein ist Weltversöhnung" ein Stück näher zu kommen.

„Weltpoesie allein ist Weltversöhnung"
Friedrich Rückert
(Übersetzt ins Arabische von Dr. Abd el-Halim Ragab; Universität Heidelberg)

Tusche auf Papier; 62cm x 42cm; Stolberg 2015

Autorinnen und Autoren

Shahid Alam, geboren in Lahore (Pakistan), lebt seit 1973 in Deutschland. Er studierte Pädagogik, Kunst, Politik- und Europawissenschaften und war mehr als 20 Jahre im Bereich der Bildung und Kunst tätig. Seit 1996 arbeitet er als freischaffender Künstler unweit von Aachen.

Martin Bidney, US-Amerikanischer Staatsbürger, lernte als Jugendlicher Hebräisch und studierte jahrelang mit seinem Vater allwöchentlich ein neues Kapitel der Tora, hielt 35 Jahre lang Vorlesungen über englische und vergleichende Literatur an der Staatsuniversität von New York in Binghamton, beschäftigte sich intensiv mit Goethes west-östlicher Divan, christlichen heiligen Schriften und mit der islamischen Tradition, insbesondere der Mystik. Das Hauptergebnis dieser Erforschungen ist das Buch: „Ein vereinigendes Licht: Lyrische Zugänge zum Koran".

Ender Cetin, Erziehungswissenschaftler und islamischer Theologe, Berlin.

Dr. Dr. h.c. Markus Dröge, Bischof der Evangelischen Kirche Berlin-Brandenburg-schlesischen Oberlausitz (EKBO).

Gesa Ederberg, Rabbinerin der Synagoge Oranienburger Straße der Jüdischen Gemeinde zu Berlin, Rabbinatsstudium und Ordination am Schechter Institute for Jewish Studies in Jerusalem, Autorin und Redakteurin verschiedener Publikationen (u. a. „Sympathie Magazin Judentum Verstehen„), 2002 gründete sie „Masorti e.V. – Verein zur Förderung der jüdischen Bildung und des jüdischen Lebens" in Berlin, der u. a. Träger eines bilingualen Kindergartens in Berlin ist.

Prof. Dr. Christine Funk, Professorin für Systematische Theologie und ihre Didaktik an der Katholischen Hochschule für Sozialwesen Berlin (KHSB).

Dr. Andreas Goetze, Landeskirchlicher Pfarrer für den Interreligiösen Dialog interreligiöser Dialog in der Evang. Kirche Berlin-Brandenburg-schlesische Oberlausitz (EKBO).

Dr. Doris Hiller, Pfarrerin der Evangelischen Landeskirche in Baden, Seminardirektorin am Predigerseminar Petersstift im Evang. Studienseminar Morata-Haus, Heidelberg, Privatdozentin für Systematische Theologie an der Theologischen Fakultät der Universität Heidelberg.

Sophia Kähler, Diplom-Theologin, wissenschaftliche Mitarbeiterin am Lehrstuhl für Hebräische Bibel und Exegese des Zentrums Jüdische Studien Berlin-Brandenburg am Abraham Geiger Kolleg und der School of Jewish Theology an der Universität Potsdam.

Dr. Klaus Lederer, Senator für Kultur und Europa, Berlin.

Michael Marx, Studium der Arabistik/ Islamwissenschaft, Semitistik und Allgemeinen Sprachwissenschaft, Arbeitsstellenleiter „Corpus Coranicum – Textdokumentation und historisch-kritischer Kommentar zum Koran" an der Berlin-Brandenburgische Akademie der Wissenschaften, Herausgeber der Datenbanken „Manuscripta Coranica" und „Koranlesarten" (Variae Lectiones Coranicae); Konzeption der Datenbank „Texte aus der Umwelt des Korans" und Herausgeber (zusammen mit N. Sinai, E. Grypeou, D. Kiltz, Y. Kouriyhe und V. Roth).

Prof. Drs. Angelika Neuwirth, Seniorprofessorin für Arabistik an der Freien Universität Berlin, gründete 2007 das Forschungsprojekt „Corpus Coranicum" an der Berlin-Brandenburgische Akademie der Wissenschaften, das die Erstellung einer historisch-kritischen Dokumentation des Korantextes samt literarkritischem Kommentar zum Ziel hat.

Prof. Dr. Armina Omerika, Juniorprofessorin für Ideengeschichte des Islam am „Institut für Studien der Kultur und Religion des Islam" an der Johann-Wolfgang von Goethe Universität in Frankfurt a. M.

Martin Schleske, Geigenbaumeister, Diplomphysiker (Hochschule für Angewandte Wissenschaft München), Schriftsteller, u. a. „Der Klang. Vom unerhörten Sinn des Lebens (München 2010, 12. Auflage) und „Herztöne. Lauschen auf den Klang des Lebens" (Asslar 2016³).

Ulrike Trautwein, Pfarrerin, Generalsuperintendentin (Regionalbischöfin) für Berlin in der Evangelischen Kirche Berlin-Brandenburg-schlesischen Oberlausitz (EKBO).

Meho Travljanin, Vorsitzender und Geschäftsführer des Bosniakischen Islamischen Kulturzentrums in Berlin.

Rabbiner Drs. Edward van Voolen, Ausbildungsdirektor und Dozent für Homiletik am Abraham Geiger Kolleg an der Universität Potsdam, das Rabbiner*innen und Kantor*innen für Europa ausbildet, studierte Kunstgeschichte und Geschichte an der Amsterdamer Universität, als Rabbiner am Leo Baeck College in London ausgebildet und dort 1978 ordiniert, publiziert regelmäßig über jüdische Kunst, Kultur und Religion, darunter „50 Jüdische Künstler, die man kennen sollte" (Prestel, München etc. 2011).

Friederike von Kirchbach, Pfarrerin der Sankt Thomasgemeinde Berlin-Kreuzberg, Vorsitzende des Rundfunkrates des Rundfunks Berlin-Brandenburg (rbb).

Prof. Dr. Stefan Weber, Islamwissenschaftler, Direktor des Museums für Islamische Kunst im Pergamonmuseum Berlin und Honorarprofessor am Kunsthistorischen Institut der Freien Universität Berlin.

Kalligraphien

„Sprich: Gott ist Einer
Ein ewig reiner,
Hat nicht gezeugt und
ihn gezeugt hat keiner
Und nicht ihm gleich ist einer."

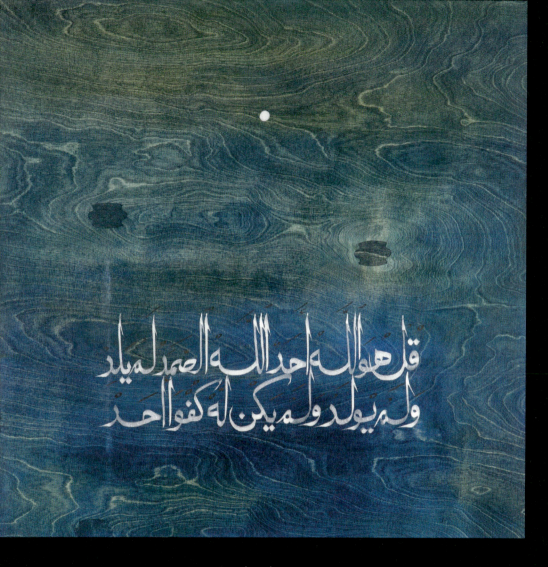

Gott ist Einer
Koransure 112, Aus dem Arabischen übersetzt von Friedrich Rückert

Tinte, Tusche und Öl auf Birkenholz; 80cm x 80cm; Aachen 2010

Gottes ist der Orient, Gottes ist der Okzident
Goethe; Koransure 55:17

Öl auf Birkenholz; 120cm x 90cm; Aachen 1998

Allbarmherziger Erbarmer
Im Namen Gottes des allbarmherzigen Erbarmers
Anfang jeder Koransure. Aus der Koranübersetzung von Friedrich Rückert

Öl und Aluminium auf Birkenholz; 100cm x 80cm; Stolberg 2015

Die Sprache der Wüste
Brecht Eure Zelte ab und legt Eure Herzen zueinander
Ein Spruch aus Algerien, Übersetzt von Frau Dr. Malika Bendaoud Boulkifane (Oran, Algerien)

Öl und Tusche auf Birkenholz; 85cm x 110cm; Stolberg 2018

„In der Liebe ist meine Religion mein Glaube"
Ibn Arabi (1165 -1240)

Öl und Tusche auf Holz; 70 cm x 100 cm; Aachen 2013

120

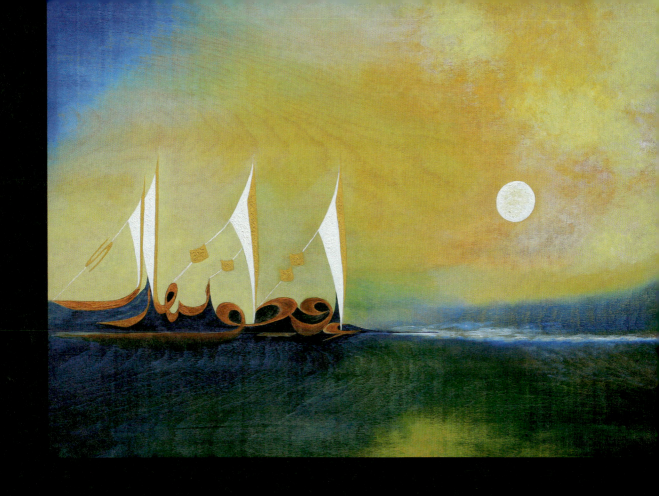

Carpe diem – Pflücke den Tag
Ein Spruch des römischen Dichters Horaz, 65 vor Chr.
Übersetzt ins Arabische von Marwan Akkila (Hamburg)

Öl auf Birkenholz; 108cm x 82cm; Stolberg 2016

Die Tora

Öl, Tusche und Tinte auf Holz; 80cm x 60cm; Aachen 2012

Im Anfang war das Wort

Öl, Tusche und Tinte auf Holz; 80cm x 60cm; Aachen 2012

Der Barmherzige

Öl, Tusche und Tinte auf Holz; 80cm x 60cm; Aachen 2012

Die Tora
10 Sefirot

Mein Herr hat durch Weisheit die Erde gegründet,
durch Vernunft die Himmel befestigt.
Durch seine Erkenntnis wurden die Tiefen gespalten
und träufeln die Wolken Tau.
Dein, o Herr, ist die Größe und die Kraft
und der Preis und der Sieg und die Majestät...
Denn Dein ist alles, was in den Himmeln
wie auf Erden,
Dein ist, o Herr, das Reich,
und Du erhebst Dich als Haupt über alles. Amin

Übersetzt aus dem Hebräischen ins Arabische und Deutsche von Mathias Stumpf

Im Anfang war das Wort

Im Anfang war das Wort,
und das Wort war bei Gott,
und das Wort war Gott.
Im Anfang war es bei Gott.
Alles ist durch das Wort geworden,
und ohne das Wort wurde nichts,
was geworden ist.
In ihm war das Leben,
und das Leben war das Licht der Menschen.

Johannes Evangelium

Der Barmherzige

Im Namen Gottes, des Erbarmers, des Barmherzigen.
Der Barmherzige.
Er lehrte den Koran.
Er schuf den Menschen.
Er lehrte ihn die klare Rede.
Die Sonne und der Mond sind zur Berechnung da.
Die Sterne und die Bäume fallen nieder.
Den Himmel hob Er in die Höhe
und stellte die Waage auf,
auf dass ihr beim Wiegen nicht übertretet!
So setzt das Gewicht in Gerechtigkeit,
und lasst die Waage nichts verlieren!
Die Erde machte er für die Geschöpfe.
Auf ihr sind Früchte und fruchtbeladene Palmen
und Korn auf Halmen und duftendes Gewürz.

Koransure 55:1-12
Aus der Koranübersetzung von Hartmut Bobzin

Das jüdische Glaubensbekenntnis

Höre Israel:
Er unser Gott, Er Einer!
Liebe denn
IHN deinen Gott
mit all deinem Herzen, mit all deiner Seele,
mit all deiner Macht.
Es seien diese Reden,
die ich heuttags dir gebiete, auf deinem Herzen,
einschärfe sie deinen Söhnen,
rede davon,
wenn du sitzest in deinem Haus
und wann du gehst auf den Weg,
wenn du dich legst und wann du dich erhebst,
knote sie zu einem Zeichen an deine Hand,
sie seien zu Gebind zwischen deinen Augen,
schreibe sie an die Pfosten deines Hauses
und in deine Tore!

Martin Buber
Die Schrift – Die fünf Bücher der Weisung
Das Buch – Reden

Im Anfang war das Wort

„Im Anfang war das Wort,
und das Wort war bei Gott,
und das Wort war Gott.
Im Anfang war es bei Gott.
Alles ist durch das Wort geworden
und ohne das Wort wurde nichts, was geworden ist.
In Ihm war das Leben,
und das Leben war das Licht der Menschen.
Und das Licht leuchtet in der Finsternis,
und die Finsternis hat es nicht erfaßt.
Niemand hat Gott je gesehen.
Der Einzige, der Gott ist
und am Herzen des Vaters ruht,
er hat Kunde gebracht."

Der Prolog
Johannes Evangelium 1,1-5.8

Sure Licht

Im Namen Gottes des allbarmherzigen Erbarmers.
Gott ist das Licht des Himmels und der Erde,
das Gleichnis seines Lichtes ist
Wie eine Nisch' in welcher eine Leuchte
Die Leuchte ist in einem Glas,
Das Glas ist wie ein funkelnder Stern
Die angezündet ist vom Segensbaume,
Dem Oelbaum nicht aus Osten noch aus Westen;
Das Oel fast selber leuchtet, wenns
Auch nicht berührt die Flamme;
Licht über Licht – Gott leitet
Zu seinem Lichte wen er will:
Gott aber prägt die Gleichnisse den Menschen,
Und Gott ist jedes Dings bewußt.

Koran – Sure Licht – 35

Das jüdische Glaubensbekenntnis

Öl und Tusche auf Holz; 200cm x 75cm;
Aachen 2012

Im Anfang war das Wort

Öl und Tusche auf Holz; 200cm x 75cm;
Aachen 2012

Sure Licht

Öl und Tusche auf Holz; 200cm x 75cm;
Aachen 2012

Vater Unser

Geheiligt werde dein Name,
Dein Reich komme,
Dein Wille geschehe,
wie im Himmel so auf Erden.
Unser tägliches Brot gib uns heute.
Und vergib uns unsere Schuld,
wie auch wir vergeben
unseren Schuldigern.
Und führe uns nicht in Versuchung,
sondern erlöse uns von dem Bösen.
Amen

Sure Fatiha

Im Namen Gottes des allbarmherzigen Erbarmers.
Gelobt sei Gott, der Herr der Welten!
Der Allbarmherzige, der Erbarmer,
der König des Gerichtstags.
Dir dienen wir, dich rufen wir um Hilf' an.
Führ' uns den Weg den graden!
Den Weg derjenigen, über die du gnadest,
deren auf die nicht wird gezürnt
und deren die nicht irrgehn.

(Übersetzung von Friedrich Rückert)

Vater Unser

Tusche auf Holz; 75cm x 200cm; Aachen 2009

Sure Fatiha

Tusche auf Holz; 75cm x 200cm; Aachen 2010

130

Usmaa-ul-husna – die schönen Namen

99 Gottesnamen

Angefertigt für die 85. Geburtstagsfeier von Prof. Katharina Mommsen im Hotel Elephant in Weimar
Mundgeblasenes Glas; 310cm x 200cm; Aachen 2010

Die Nacht der Begegnung

130cm x 63cm; Öl und Tusche auf Birkenholz; Stolberg 2017

Der Barmherzige

Öl auf Papyrus; 60cm x 50cm; Stolberg 2016

Das Leben ist die Liebe

„Denn das Leben ist die Liebe und des Lebens Leben Geist" (J.W. von Goethe)

Tusche und Tinte auf Kaharipapier; 50cm x 60cm; Stolberg 2018

Niemals steigt und niemals sinkt die Sonne,
Ohne daß nach Dir der Sinn mir stände;
Nie sitz mit den Leuten ich zu sprechen,
Ohne daß mein Wort Du wärst am Ende.
Keinen Becher Wasser trink ich dürstend,
Ohne das Dein Bild im Glas ich fände.
Kein Hauch tu ich, betrübt noch fröhlich,
Dem sich Deingedenken nicht verbände.
Wollt' ich mich gedulden: doch
Herz kann fern von Herz nicht leben.
Dein Geist mischte mit meinem sich –
Näherkommen, fern entschweben...
Ich bin Du, genau wie Du
Ich bist, und mein Ziel, mein Streben.
Welch Land wär leer von Dir, daß jene,
Dich suchend, bis zum Himmel gehen?
Du siehst: Sie schauen deutlich zu Dir,
Die Dich vor Blindheit doch nicht sehen.
Dein Ort im Herzen ist das ganze Herz,
Denn Deinen Platz rührt nichts Geschaffnes an.
Mein Geist hält zwischen Knochen Dich und Haut;
Verlör ich Dich – was, meinst Du, tät ich dann?
Es hat mein Geist gemischt sich mit dem Deinen,
Wie Wein vermischt mit klarem Wasser sich.
Wenn etwas Dich berührt, rührt es auch mich an,
Denn immer bist und überall Du ich.
Ich sah meinen Herrn mit des Herzens Auge
Und sagte: „Wer bist Du?" Er sagte: „Du",
Das Wo hat für Dich nicht Wo noch Stelle,
Im Hinblick auf Dich trifft ein Wo nicht zu.

Die Vorstellung hat von Dir keine Bilder,
So daß sie erkennete: wo bist Du?
Du bist es, der alles Wo umfasset
Bis hin zum Nicht-Wo – doch wo bist Du?
In meinem Herzen kreisen
alle Gedanken um Dich,
Anderes nichts spricht die Zunge
als meine Liebe zu Dir.
Wenn ich nach Osten mich wende,
strahlst Du im Osten mir auf,
Wenn ich nach Westen mich wende,
stehst vor den Augen du mir.
Wenn ich nach Oben mich wende,
bist du noch höher als dies,
Wenn ich nach Unten mich wende,
bist Du das Überall hier.
Du bist, der allem den Ort gibt,
aber Du bist nicht sein Ort;
Du bist in allem das Ganze,
doch nicht vergänglich wie wir.
Du bist mein Herz, mein Gewissen,
bist mein Gedanke, mein Geist,
Du bist der Rhythmus des Atmens,
Du bist der Herzknoten mir.
Du rinnest zwischen Herzhaut und dem Herzen,
So wie die Tränen von den Lidern rinnen,
Und wohnest im Bewußtsein tief im Herzen,
So wie der Geist wohnt in den Körpern drinnen.
Nichts Regungsloses kann sich jemals regen,
Wenn Du nicht bewegst, verborgen innen.

Gottesliebe
Ein Gedicht von Mansur Halladsch (der große Mystiker im Islam, 857 - 922)
Aus dem Arabischen übersetzt von Annemarie Schimmel

138

Ich bin das Alpha und das Omega, der Erste und der Letzte, der Anfang und das Ende
Prolog aus dem Johannes Evangelium

Öl, Tusche und Tinte auf Birkenholz; 90cm x 90cm; Stolberg 2016

140

Erhaben ist ER!
„Erhaben ist Er, der vor Seinen Geschöpfen auf Grund der Stärke
Seiner Sichtbarkeit verborgen und auf Grund der Ausstrahlung Seines Lichts verhüllt ist"
Der Mystiker Al-Ghazali (1058 – 1111; Tous – Iran)

Öl, Tusche und Tinte auf Birkenholz; 90cm x 90cm; Stolberg 2018

Sure 55 – Der Barmherzige – ar-rahman

Im Namen Gottes, des barmherzigen Erbarmers
Der Barmherzige.
Er lehrte den Koran.
Er schuf den Menschen.
Er lehrte ihn die klare Rede.
Die Sonne und der Mond sind zur Berechnung da.
Die Sterne und die Bäume fallen nieder.
Den Himmel hob er in die Höhe und stellte die Waage auf,
auf dass ihr beim Wiegen nicht übertretet!
So setzt das Gewicht in Gerechtigkeit,
und lasst die Waage nichts verlieren!
Die Erde machte er für die Geschöpfe.
Auf ihr sind Früchte und fruchtbeladene Palmen
Und Korn auf Halmen und duftendes Gewürz.
Ja, welche Gnadengaben eures Herrn wollt ihr denn leugnen?
Aus Ton schuf er den Menschen, der Töpferware gleich,
und aus Gemisch von Feuer schuf er die Dschinne.
Ja, welche Gnadengaben eures Herrn wollt ihr denn leugnen?
Der Herr des Ostens und des Westens!
Ja, welche Gnadengaben eures Herrn wollt ihr denn leugnen?
Er ließ die beiden Ströme – bis zum Zusammentreffen – fließen,
zwischen ihnen ist ein Damm, so dass sie nicht zusammenfließen.
Ja, welche Gnadengaben eures Herrn wollt ihr denn leugnen?
Aus beiden kommen Perlen und Korallen.
Ja, welche Gnadengaben eures Herrn wollt ihr denn leugnen?
Sein sind die Schiffe, die auf dem Meer wie Zeichen ragen.
Ja, welche Gnadengaben eures Herrn wollt ihr denn leugnen?
Jeder, der auf ihr weilt, der muss vergehen,
und es bleibt das Antlitz deines Herrn,
des Herrn der Majestät und der Ehre.
Ja, welche Gnadengaben eures Herrn wollt ihr denn leugnen?
Ihn bittet, wer in den Himmeln und auf Erden ist.
Jeden Tag ist er am Wirken.
Ja, welche Gnadengaben eures Herrn wollt ihr denn leugnen?
Wir werden uns Zeit für euch nehmen, ihr Menschen und ihr Dschinne!
Ja, welche Gnadengaben eures Herrn wollt ihr denn leugnen?

Ihr Dschinnen – und ihr Menschenschar,
wenn ihr die Gefilde von Himmel und Erde durchstoßen könnt,
dann stoßt hindurch!
Nur mit einer Vollmacht könnt ihr hindurch.
Ja, welche Gnadengaben eures Herrn wollt ihr denn leugnen?
Feuerflammen und flüssiges Erz werden auf euch beide herabgesandt,
so dass euch nicht zu helfen ist.
Ja, welche Gnadengaben eures Herrn wollt ihr denn leugnen?
Wenn sich dann der Himmel spaltet und rot wird wie die Haut,
Ja, welche Gnadengaben eures Herrn wollt ihr denn leugnen?
an jenem Tag wird weder Mensch noch Dschinn nach seiner Schuld befragt,
ja, welche Gnadengaben eures Herrn wollt ihr denn leugnen?
die Missetäter werden erkannt an ihren Zeichen
und dann gepackt an den Locken und den Füßen.
Ja, welche Gnadengaben eures Herrn wollt ihr denn leugnen?
Das ist die Hölle, die die Missetäter leugnen.
Sie kreisen zwischen ihr und siedend heißem Wasser.
Ja, welche Gnadengaben eures Herrn wollt ihr denn leugnen?
Zwei Gärten sind denen zugedacht, die den Auftritt ihres Herrn fürchten,
Ja, welche Gnadengaben eures Herrn wollt ihr denn leugnen?
die voller Arten sind,
Ja, welche Gnadengaben eures Herrn wollt ihr denn leugnen?
dort sind zwei Quellen, welche sprudeln,
Ja, welche Gnadengaben eures Herrn wollt ihr denn leugnen?
dort ist von allen Früchten, in Paaren.
Ja, welche Gnadengaben eures Herrn wollt ihr denn leugnen?
Auf Ruhepolstern lehnen sie, mit Decken aus Brokat;
und nahe sind der Gärten Früchte.
Ja, welche Gnadengaben eures Herrn wollt ihr denn leugnen?
Keusch blickende Frauen sind dort,
vorher weder von Mensch noch Dschinn berührt,
Ja, welche Gnadengaben eures Herrn wollt ihr denn leugnen?
als ob sie Hyazinthen wären und Korallen.

(Aus der Koranübersetzung von Prof. Harmut Bobzin)

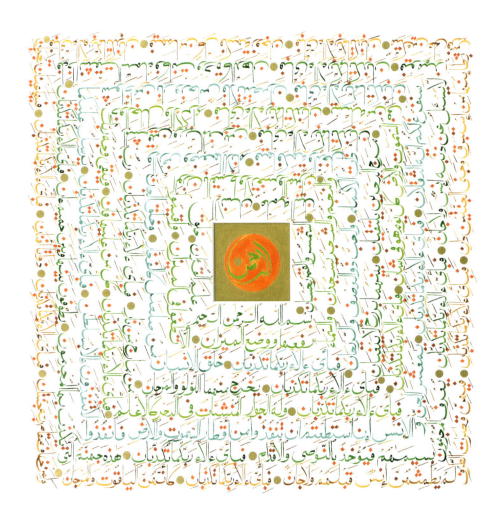

Schöpfung

Koransure 55 - 1 - 58 Ar-Rahman

Aus der Koranübersetzung von Prof. Harmut Bobzin

Tusche auf Karton; 120cm x 120cm; Aachen 2013

Höre Israel:
der Herr ist unser Gott,
der Herr allein!
Deuteronomium 6,4

Im Anfang war das Wort,
und das Wort war bei Gott.
Johannes Evangelium

Sprich: Gott ist Einer –
Ein ewig reiner.
Koran: Sure 112

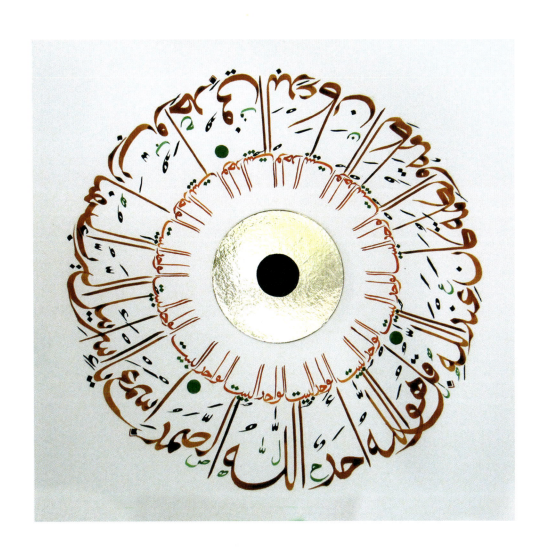

Haus Abrahams

Tusche und Tinte auf Papier; 100cm x 100cm; Stolberg 2015

Die Bergpredigt

Als Jesus die vielen Menschen sah, stieg er auf einen Berg.
Er setzte sich, und seine Jünger traten zu ihm.
Dann begann er zu reden und lehrte sie.

Die Seligpreisungen: 5, 3 - 12
Er sagte:
Selig, die arm sind vor Gott; denn ihnen gehört der Himmelreich.
Selig die Trauernden; denn sie werden getröstet werden.
Selig, die keine Gewalt anwenden; denn sie werden das Land erben.
Selig, die hungern und dürsten nach der Gerechtigkeit;
denn sie werden satt werden.
Selig die Barmherzigen; denn sie werden Erbarmen finden.
Selig, die ein reines Herz haben; denn sie werden Gott schauen.
Selig, die Frieden stiften; denn sie werden Söhne Gottes genannt werden.
Selig, die um der Gerechtigkeit willen verfolgt werden;
denn ihnen gehört das Himmelreich.
Selig seid ihr, wenn ihr um meinetwillen beschimpft und verfolgt
und auf alle mögliche Weise verleumdet werdet. Freut Euch und jubelt:
Euer Lohn im Himmel wird groß sein.
Denn so wurden schon vor Euch die Propheten verfolgt.

Von der Liebe zu den Feinden: 5, 43 - 46
Ihr habt gehört, daß gesagt worden ist:
Du sollst deinen Nächsten lieben und deinen Feind hassen.
Ich aber sage Euch: Liebt Eure Feinde und betet für die, die euch verfolgen,
damit ihr Söhne eures Vaters im Himmel werdet; denn er läßt seine
Sonne aufgehen über Bösen und Guten,
und er läßt regnen über Gerechte und Ungerechte.
Wenn ihr nämlich nur die liebt, die euch lieben, welchen Lohn könnt
ihr dafür erwarten? Tun das nicht auch die Zöllner?

Das Evangelium nach Matthäus

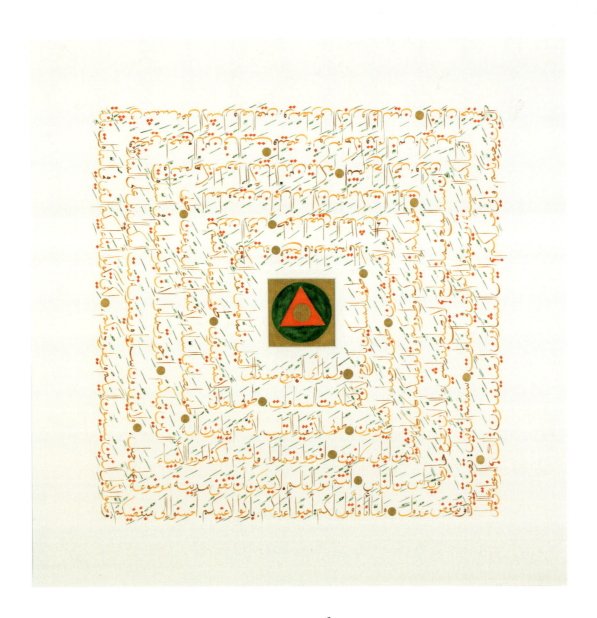

Die Bergpredigt

Tusche auf Karton; 85cm x 85cm; Stolberg 2014

148

Gottes Wort

Im Anfang war das Wort, und das Wort war bei Gott, und das Wort war Gott
Prolog – Johannes Evangelium

Tinte und Tusche auf Papyrus; 80cm x 60cm; Aachen 2012

Lausche Du der Flöte und versteh'
Was sie singt ist immer Abschiedsweh.
Seit sie mich aus meinem Röhricht schnitten,
singt sie, sing' ich was die Menschen litten.

Mein Mark zerhöhlt, zerschnitzt, ich gebe es hin,
bis ich nur noch der Sehnsucht Stimme bin.
Denn wer aus seinem Urgrund ausgewiesen,
will nichts als den Moment der Heimkehr wissen.

Mystiker Rumi
(Übersetzt von Frau Annemarie Schimmel)

Hakayate Nai
Die Nai erzählt

Tinte auf Papyrus; 80cm 60cm; Stolberg 2018

Die Blätter fallen

„Die Blätter fallen, fallen wie von weit,
als welkten in den Himmeln ferne Gärten;
sie fallen mit verneinender Gebärde.
Und in den Nächten fällt die schwere Erde
aus allen Sternen in die Einsamkeit.
Wie alle fallen. Diese Hand da fällt.
Und sieh dir andre an: es ist in allen.
Und doch ist Einer, welcher dieses Fallen
unendlich sanft in seinen Händen hält."

Rainer Maria Rilke

Die Blätter fallen

Tusche und Tinte auf Kaharipapier; 74cm x 54cm; Stolberg 2018

„Im Anfang war das Wort und das Wort war bei Gott und das Wort war Gott"
Der Prolog aus dem Johannes Evangelium

Tinte auf Tusche auf Papyrus; 82cm x 42cm; Stolberg 2016

Jesus – Gotteswort am Kreuz

Tinte und Tusche auf Papyrus; 80cm x 60cm; Aachen 2012

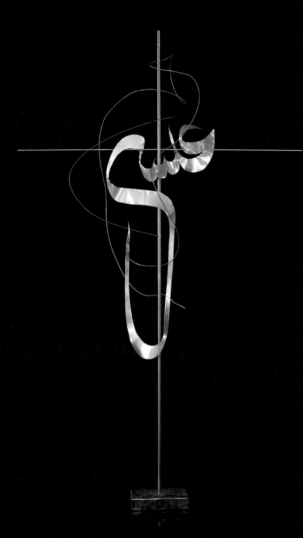

Caritate constrictus

Aluminium und Edelstahl; Höhe 160cm; Aachen 2012

Aliph Alpha
All-Einsein und Aufrichtigkeit

Skulptur aus Lindenholz; Höhe 200cm; Aachen 2012

156

Geheimnis der Töne
„Wer das Geheimnis der Töne kennt, der kennt das Mysterium des gesamten Kosmos"
Sufi Hazrat Inayat Khan (1882 -1927 Indien)

Kalligraphie auf Ton; 50cm Durchmesser; Stolberg 2014

Erkenntnis Land
„Nur durch das Morgentor des Schönen
Drangst du in der Erkenntnis Land"
Friedrich Schiller

Tusche, Tinte und Aquarellfarbe auf Aquarellpapier; 80cm x 60cm; Stolberg 2018

Ginkgo Biloba

Dieses Baumes Blatt, der von Osten
Meinem Garten anvertraut,
Gibt geheimen Sinn zu kosten,
Wie's den Wissenden erbaut.
Ist es ein lebendig Wesen,
Das sich in sich selbst getrennt?
Sind es zwei die sich erlesen,
Dass man sie als eines kennt?
Solche Fragen zu erwidern
Fand ich wohl den rechten Sinn.
Fühlst du nicht an meinen Liedern,
Dass ich eins und doppelt bin.

Johann Wolfgang von Goethe 1815

Ginkgo Biloba

Tusche auf Kaharipapier; 50cm x 60cm; Stolberg 2018

„Hier stehe ich und kann nicht anders! Gott helfe mir, Amen!"
Der große Reformer Martin Luther vor dem Kaiser Karl V. auf dem Reichstag zu Worms 1521
(Übersetzt von Dr. Abd el-Halim Ragab, Bamberg)

Tunte, Tusche und Aquarellfarben auf Papier; 90cm x 70cm; Stolberg 2015

„Denn Armut ist ein großer Glanz aus Innen"
Rainer Maria Rilke

Tinte und Tusche auf Papier; 62cm x 62cm; Stolberg 2018

Freude, schöner Götterfunken,
Tochter aus Elysium,
Wir betreten feuertrunken,
Himmlische, dein Heiligtum!
Deine Zauber binden wieder,
Was die Mode streng geteilt.
Alle Menschen werden Brüder,
Wo Dein sanfter Flügel weilt.

Friedrich Schiller

Ode an die Freude
Übersetzt ins Arabische von Frau Dr. Malika Bendaoud Boulkifane (Oran/Algerien)
Öl und Tusche auf Birkenholz; 110cm x 110cm; Stolberg 2017

Inhaltverzeichnis

Vorwort 5
Andreas Goetze

Das Wort Gottes in seiner dreifachen Schönheit 7
Markus Dröge

Geleitwort zur Dokumentation der interreligiösen Kalligraphie-Ausstellung „einander sehen" 9
Klaus Lederer

Einander sehen – eine interreligiöse Kunstausstellung in Berlin 11
Meho Travljanin

„Se Eli we-anwehu. Das ist mein Gott, ihn will ich ehren" 13
Edward van Voolen

Eine dankbare Gemeinde 15
Friederike von Kirchbach

Kunstbrücken 17
Shahid Alam

Mittagsgebet mit Rezitationen aus Heiligen Texten . . 19

„Zum Himmel und zum Licht hin offen" 21
Andreas Goetze

Seh-erfahrung (I) 27
Christine Funk

Der unerhörte Klang Gottes 29
Interview mit Martin Schleske

Heilige Texte im Judentum 33
Edward van Voolen

Psalm 27 – eine jüdische Perspektive 43
Gesa Ederberg

Wende sie und wende sie, denn alles ist in ihr 47
Sophia Kähler

Die Bibel – ein Buch wirklicher Geschichten 53
Doris Hiller

Das Verständnis des Koran im Horizont der gegenwärtigen islamischen Theologie 59
Armina Omerika

Ein paar Worte über arabische Kalligraphie 65
Angelika Neuwirth

Grundzüge der islamischen Kalligraphie 69
Stefan Weber

Die Geschichte des Korans zwischen schriftlicher Niederschrift und mündlicher Überlieferung 73
Michael Josef Marx

Der Koran: Gottes Wort – Menschenwort? 81
Ender Cetin

„Einander Sehen" – Kalligraphie als Brücke des interreligiösen Dialogs 85
Ulrike Trautwein

Bild und Bildverbot in Judentum und Islam 89
Andreas Goetze

Die islamische heilige Schrift als Dialog der abrahamitischen Religionen betrachtet 93
Martin Bidney

Seh-erfahrung (II) 101
Christine Funk

Kunstbrücken: Die Schönheit Gottes in der Kalligraphie 105
Shahid Alam

Autorinnen und Autoren 110

Kalligraphien 113

Aus dem AphorismA Verlagsprogramm

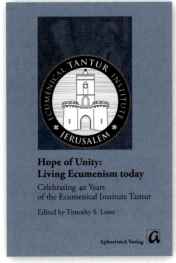
978-3-86575-040-2 | 2013

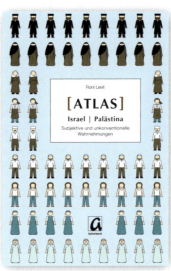
978-3-86575-036-5 | 2014²

978-3-86575-071-6 | 2018

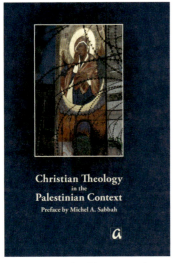
978-3-86575-049-5 | 2019

978-3-86575-066-2 | 2017

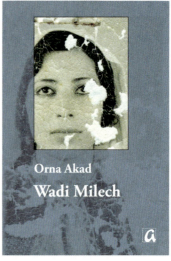
978-3-86575-069-3 | 2017²

AphorismA ▪ Verlag | Antiquariat | Agentur
... links und rechts von Jerusalem ...
www.AphorismA.eu